Sistema de Estratégia Minimalista

Coordenação de produção: Alexandre Braga
Pesquisa e coordenação editorial: Andréa Ciaffone
Preparação de texto: Lizandra M. Almeida
Revisão: Cristina Ayumi Futida e Virgínia Vicari
Projeto e Diagramação: Carolina Palharini

1ª edição

Dados Internacionais de Catalogação na Publicação (CIP)
Angélica Ilacqua CRB-8/7057

Rocha, Rodrigo Ferreira da
SEM Sistema de Estratégia Minimalista : como 4Es podem tornar sua vida mais leve e levar a sua empresa ao sucesso / Rodrigo Ferreira da Rocha. – São Paulo : HSM do Brasil, 2016.
184 p.

Bibliografia
ISBN 978-85-67389-66-0

1. Administração de empresas 2. Estratégia 3. Marketing I. Título

16-0412 CDD 658.8

Índices para catálogo sistemático:
1. Marketing

hsm EDUCAÇÃO EXECUTIVA
Alameda Tocantins, 125 — 34º andar
Barueri-SP. 06455-020
Vendas Corporativas: (11) 4689-6494

SISTEMA DE ESTRATÉGIA MINIMALISTA

COMO 4 ES PODEM TORNAR A SUA VIDA MAIS LEVE E LEVAR A SUA EMPRESA AO SUCESSO

RODRIGO ROCHA

PREFÁCIO DE REGIS MCKENNA

Uma publicação da
hsm
EDUCAÇÃO EXECUTIVA

SUMÁRIO

PREFÁCIO: POR REGIS MCKENNA

Estive envolvido com o marketing nos últimos 50 anos – principalmente em alta tecnologia. No entanto, fui um estudante de marketing durante a maior parte da minha vida profissional. Já vi muitas mudanças revolucionárias em tecnologia que provocaram mudanças igualmente revolucionárias na forma como o marketing é feito nos dias de hoje.

Ainda assim, com todos esses avanços tecnológicos maravilhosos, como a Internet, as mídias sociais, a entrega *just-in-time* e os softwares de gestão de relação com o cliente (em inglês, *customer relationship management*, ou CRM), a satisfação do cliente está em declínio em muitos setores. Segundo o relatório do American Customer Satisfaction Index, de março de 2016, houve uma "queda na satisfação dos clientes nos últimos oito trimestres". Há indícios de que este é um fenômeno global.

Os clientes hoje em dia se sentem massacrados pelo número de anúncios bombardeados por Twitter, Facebook, Instagram e outras mídias online. Eles são simplesmente invadidos por mensagens de todo tipo. Cada inovação parece trazer mais complexidade ao consumidor. A complexidade da escolha e dos fluxos cruzados de mensagens, e os esforços para reduzir isso apresentam grandes desafios para o profissional de marketing.

Então não resolvemos o "problema da complexidade" do marketing de hoje do ponto de vista do consumidor. Pelo menos, não ainda.

Acredito que tais desafios serão solucionados por uma nova cepa de inovadores de marketing. Em 2009, ouvi de um jovem sua visão de como as tendências culturais, entrelaçadas às tendências da mídia e rapidamente adotadas por uma nova geração de executivos e inovadores de marketing, poderiam analisar e mudar o mundo. Esse jovem era Rodrigo Ferreira da Rocha, autor deste tratado inovador sobre como planejar o marketing na era da complexidade.

Em 1979, o primeiro catálogo da Apple para o Apple II intitulava-se "A simplicidade é o extremo da sofisticação". A frase se tornou um mantra para Steve Jobs em sua busca por criar e desenvolver produtos que oferecessem aos clientes acesso total às linhas da Apple, sem barreiras. Steve quis criar produtos digitais e complexos para que o usuário não tivesse de ler o manual ou ter habilidades especiais para usá-los. Ele certamente atingiu esses objetivos com o iPod, o iPad, o iMac e o iPhone. Os concorrentes vieram atrás.

Mas, de cerca forma, essa ideia de simplicidade não foi aplicada às práticas de marketing. Rodrigo traça uma abordagem semelhante para a interação de clientes e marketing. Ele nos lembra de que "menos é mais". Duas de suas ideias, entre as muitas a respeito de marketing que me chamaram atenção, são Elegância e Simplicidade. A noção de elegância ou "qualidade" é comunicada em tudo que uma empresa faz, da criação do produto até a educação do cliente, o envolvimento e a facilidade de estabelecer um diálogo.

A segunda ideia é a da Harmonia. É preciso admitir que nosso mundo de hoje está desarmônico. Esta mensagem é muito importante, e Rodrigo sugere que pensemos em como criar uma identidade única a fim de gerar um equilíbrio ou harmonia com clientes escutando-os, entrando em sincronia com o que é atual, adaptando-se às tendências sociais atuais e aplicando o que é aprendido em todas as fases dos programas de marketing.

Há muitas outras preciosidades neste livro que achei instigantes e valiosas. Certamente, Rodrigo atingiu uma nova maneira de pensar sobre os processos de marketing. Provavelmente não há necessidade maior em um mundo repleto de inovações do que a de aplicar teorias e abordagens de inovação na forma como lidamos com os clientes e no novo mercado digital.

★★★

Conheci Rodrigo quando ele visitou o Vale do Silício em 2009. Desde então, tivemos muitos encontros e longas horas de conversa quando fui a São Paulo. Nos anos seguintes, Rodrigo se tornou cogestor, definindo o modelo e a estratégia de negócio da One Health. Foi aí que criativamente chamou a atenção de todos, liderando o desenvolvimento e a implementação de um programa integrado de mídias sociais c ambicntc wcb.

Quando Rodrigo me mostrou o programa, fiquei impressionado. Nunca tinha visto algo semelhante no Vale do Silício. Não me surpreende que Edson Bueno, presidente da Amil e alguém que sabe reconhecer talento e excelência, tenha escolhido Rodrigo como diretor de marketing de sua empresa, que é a maior da área de saúde no Brasil.

Como diretor de marketing, Rodrigo começou transformando o modelo de marketing da One Health em um programa chamado Darwin Digital Marketing and Innovation. O Darwin é responsável por todo o marketing e a comunicação da Amil com redes sociais e ambientes virtuais.

Enquanto Rodrigo continua em sua posição de liderança no marketing da Amil, ele continua pensando no marketing em um contexto mais amplo. Esse contexto é o mundo em evolução ao nosso redor – como as tecnologias emergentes, a rede mundial, as mídias sociais e o consumidor digital emergente interagem.

Este é o primeiro livro de Rodrigo, mas suspeito que ouviremos falar de mais inovações e ideias de marketing vindas dele nos próximos anos.

Regis McKenna

Um novo amanhecer

A descarga de adrenalina atinge o cérebro e, em um mecanismo semelhante ao do trovão, antecede o pensamento que se forma como um raio: "Preciso fazer...". Assim, antes mesmo de abrirmos os olhos ao despertar, nos vemos pressionados por centenas de afazeres e decisões que teremos de tomar durante o dia, e nos próximos dias, semanas, meses e anos. É assim, de estresse em estresse, que seguimos pelo planeta em uma sucessão inexorável e sem fim de trovões e raios mentais nos acordando todas as manhãs.

Claro que todo mundo sonha em acordar tranquilo, relaxado, sentindo a brisa fresca e suave de um dia ensolarado. Mas a previsão do clima de estresse insiste em mostrar que teremos tempestades mentais diárias, raios provocando sinapses incessantes em nosso cérebro, provocando verdadeiros tsunamis de adrenalina em nosso sistema nervoso.

O que provoca tanta eletricidade? Tanta ansiedade? Tanta adrenalina? Afinal, nas doses certas – e isso é um fato científico – eletricidade, ansiedade e adrenalina fazem bem. Então nem é preciso ser um gênio para perceber a resposta. O problema está em "tanta".

Vivemos uma era de excessos. É tudo muito. E é muito de tudo.

Por isso, concluí que a solução está em focar no que é realmente importante e deixar toda a bobagem de fora.

É como se preparar para fazer o Caminho de Santiago de Compostela[1]: você coloca na mochila um monte de coisas que considera superimportantes. Mas, a cada dia de caminhada, tem de repensar a utilidade de cada uma delas, porque, ao longo dos quilômetros, cada grama ganha importância em suas costas, em seus joelhos, em seus pés. Aí, você revê seus conceitos e descobre que a importância das coisas diminui muito quando comparada ao conforto de carregar menos peso.

O peso dos excessos atrapalha tudo – da bagagem de um peregrino às rotinas corporativas, passando pelas relações humanas e com a natureza.

Sou executivo, convivo com executivos, vivo e respiro em um ambiente corporativo e posso dizer sem pestanejar: as pessoas estão estressadas porque se apegam aos excessos, nunca tiram nada de suas rotinas. Pelo contrário: a cada dia acrescentam mais. O resultado é catastrófico, tanto para as pessoas quanto para as empresas.

O excesso traz desperdício de tempo, recursos e talentos.

Para garantir que a eliminação de excessos preserve as entregas essenciais para a satisfação do cliente final, como qualidade de produto e atendimento, inovação e conveniência, inspirei-me no Minimalismo, movimento artístico que busca comunicar o máximo com o menor número de elementos possível.

A solução estava em criar uma forma de gerir sem excessos e sem desperdício, mas que mantivesse a satisfação do cliente/consumidor como foco central de todas as ações. Assim surgiu o SEM, Sistema de Estratégia Minimalista, que busca eliminar excessos e aumentar a saúde das empresas.

1. Refiro-me ao Caminho Francês, que parte de San Juan de Pied de Port, no sul da França, e atravessa os Pirineus, no norte da Espanha.

A partir da filosofia minimalista, busquei descobrir o que seria fundamental para estabelecer uma estratégia de gestão aplicável e pragmática e cheguei a quatro conceitos: Elegância, Eloquência, Eficiência e Êxito.

Esses 4 Es interagem, se completam e criam entre si uma dinâmica positiva que se traduz em empresas mais saudáveis, consumidores mais satisfeitos e, claro, uma vida corporativa mais produtiva.

Como os 4Es atuam no direcionamento filosófico das empresas, eles podem ser identificados ou aplicados em empresas de qualquer tamanho, setor ou histórico.

Juntos, formam uma espécie de canivete suíço para a vida corporativa e estão sempre prontos a ajudá-la a descascar pepinos e abacaxis, a apertar parafusos soltos, a lixar arestas e a defendê-la dos problemas.

Um dos efeitos colaterais mais importantes de avaliar as ações corporativas a partir dos 4 Es é que eles permitem avaliações críticas que podem ajudar muito a fazer correções de rumo. Nesse ponto, vale deixar claro: ajustes em estratégia e gestão sempre serão necessários. E não é por mero perfeccionismo, não. É porque o mercado é dinâmico, os consumidores têm humores variáveis e os comportamentos estão em constante processo de mutação.

Avaliar periodicamente a partir de parâmetros eternos ajuda a perceber onde estão os excessos e a mostrar o que pode estar faltando. Assim, no balanço geral, as metas ficam mais claras e a energia pode ser direcionada para o que realmente é importante para você e para a sua empresa.

Por isso, convido você a fazer uma jornada pelos 4Es. Vamos explorar cada um dos conceitos e mostrar como a combinação de Elegância, Eficiência, Eloquência e Êxito pode ajudá-lo a chegar aos seus objetivos com mais agilidade.

Além de conhecer os conceitos de Elegância, Eficiência, Eloquência e Êxito em profundidade, vamos mostrar como visualizar tudo isso em painéis e gráficos para transformar conceitos em diretrizes muito práticas.

Além dos diagnósticos que os 4Es podem trazer, o SEM – Sistema de Estratégia Minimalista – apresenta nove lições que ajudam os gestores a evitar ciladas em seu caminho, a planejar com mais sabedoria e a realizar com segurança.

Tudo isso para que acordar seja um fato corriqueiro e agradável da vida, e não o resultado do estresse provocado por uma tempestade de adrenalina.

Rodrigo Rocha

CAPÍTULO 1

Para entender o minimalismo

"A qualidade é a base da vida. A quantidade sempre será a dimensão do egoísmo. Por isso, tenha sempre na fraternidade sua maior ambição."

Essa frase é um mantra. Mas, infelizmente, pouca gente o conhece.

No mundo corporativo, a maioria dos profissionais vive uma vida de excessos. São procedimentos, rotinas e controles que tiram a agilidade das empresas.

Há também a autoimposição de um número pouco realista de metas a cumprir ou o estabelecimento de metas ambiciosas demais para os prazos definidos – e tudo isso gera tensões desnecessárias. Tem gente que argumenta que esse tipo de medida estimula a equipe, mas só a deixa à beira de um ataque de nervos. O segredo está na medida: desafio é bom, mas missão impossível só tem graça no cinema!

A melhor estratégia de gestão sempre se baseia em olhar para as metas desejáveis e pensar: o que é realmente importante? O que eu posso deixar para trás ou para depois? Essa atitude vai ajudar a empresa a se empenhar com mais vigor nos objetivos.

Como saber o que priorizar e o que deixar para depois?

Nessa hora, é preciso estratégia. O segredo é ficar atento à essência de sua atividade para buscar a melhor forma de satisfazer seu cliente (elegância), não hesitar em investir mais tempo, esforço e dinheiro para entregar produtos melhores (eficiência), deixar que seus produtos falem por si e, ao mesmo tempo, ter sensibilidade na hora de comunicar seus diferenciais (eloquência) e, por fim, comprometer-se com a qualidade acima de tudo (êxito).

O resultado será uma estratégia mais fácil de conduzir, minimalista.

Mas, afinal, o que é o Minimalismo?

Em princípio, o termo descreve um movimento artístico do século 20. O conceito do minimalismo, porém, extrapola a arte em uma série de aspectos. Por se tratar de uma filosofia de vida, de uma forma de abordar a realidade e de agir no mundo, traz lições muito úteis para quem tem a missão de gerir empresas nos tempos desafiadores em que vivemos, caracterizados pela rápida mutação dos cenários comportamental, econômico e social.

Na verdade, a denominação Minimalismo é apenas um envelope em que colocamos vários conceitos que são eternos e que ressurgem na sociedade de tempos em tempos, geralmente chamados de volta para colocar um pouco de ordem no caos que as pessoas tendem a deixar à sua volta.

Imagine crianças em um quarto de brinquedos. Depois de algum tempo, a bagunça é inevitável. O próprio movimento, a curiosidade, o fascínio por cores e ritmos, além das infinitas combinações entre uma coisa e outra, fazem que tudo se torne uma tremenda balbúrdia. No fim do dia, as crianças já têm dificuldade de criar cenários novos, porque não conseguem encontrar os brinquedos ou se orientar naquele quarto. Nesse ponto, entra a mãe, que organiza tudo para abrir espaço para que as crianças possam evoluir nas brincadeiras no dia seguinte. O foco dela é claro: permitir que os pequenos se desenvolvam, e suas ações estão de acordo com esse objetivo. O Minimalismo age como essa mãe: limpa o caminho para que a evolução positiva aconteça.

Cansadas do burburinho da vida moderna, as pessoas fazem de tudo para viver, ainda que por alguns breves momentos, a sensação reconfortante de ter o seu quarto de brinquedos mental carinhosamente arrumado. A meditação tem se destacado como uma das formas mais recorrentes para realizar essa arrumação nos pensamentos. Só que, embora desejada e necessária, conseguir uma pausa nos compromissos e demandas para fazer meditação acaba se tornando um verdadeiro desafio.

Então, por que não tirar proveito desse reflexo condicionado de cumprir compromissos? Foi assim que surgiu um aplicativo, o Headspace, que propõe uma série de exercícios de meditação e chega a premiar quem faz tudo direitinho. O site propõe tipos diferentes de meditação, mas sempre focados em três áreas: performance, saúde e relacionamentos. O que aponta para uma triste conclusão: a complexidade da vida moderna, o excesso de informação, o barulho e o caos decorrente de tudo isso provocam problemas graves que vão além do simples "cansaço mental" e podem abrir caminho para doenças causadas pelo estresse, afetando inclusive a relação com outras pessoas.

Paradoxalmente, ficar sozinho por algum tempo é a melhor forma de se manter conectado positivamente com as pessoas. Mas escapar da convivência compulsória com outras pessoas exige decisão e dedicação. Para isso, a designer Freyja Sewell criou uma espécie de casulo que batizou de Sensory Concentration Space. Ele permite que a pessoa escolha a cor das luzes ou a sequência em que elas aparecem, o som e até o aroma desse espaço. É uma espécie de útero materno *high-tech* que guarda uma enorme semelhança com as tendas que as crianças montam em seus quartos e onde se refugiam para viver fantasias e aventuras – totalmente descompromissadas das demandas externas.

Para quem vive na sociedade hiperconectada de hoje, silenciar a mente é algo cada vez mais difícil. Talvez seja por isso que algum tempo em silêncio tenha se tornado um luxo, e providências para fazer essa pausa acontecer passaram a fazer parte das preocupações de quem desenvolve a imagem de marcas de luxo.

Reconhecida internacionalmente por estar sempre sintonizada com as tendências mais vanguardistas do comportamento de consumo, a rede de lojas de departamentos Selfridge's, de Londres, criou em 2013 uma "Sala do Silêncio" e ofereceu em suas prateleiras produtos sem logomarcas, em uma clara referência ao cansaço que os consumidores sentem por estarem sempre sendo impactados por marcas.

Alguns fabricantes estão adotando uma postura de "*no noise branding*"[2], que significa esconder os logotipos e fazer produtos mais discretos. Hoje, para as marcas, adotar uma postura silenciosa tem um aspecto de transgressão que seduz o consumidor. O design fluido dos produtos da Apple e a recusa em fazer campanhas publicitárias da Zara estão entre os exemplos que provam que manter uma atitude não invasiva é bom marketing. Cada vez mais, silenciar pode ser mais eloquente do que falar.

Uma das transformações comportamentais mais significativas dos últimos tempos tem sido a migração das pessoas do *Fomo* para o *Jomo*. Explico: a primeira sigla se refere à expressão *fear of missing out*, que corresponde à necessidade de estar sempre conectado e atualizado e de sempre saber tudo o que todo mundo está postando, em todas as redes sociais. Esse medo de ficar por fora começou a criar uma sensação de impotência muito natural. Afinal, sempre se perde alguma coisa. Aí surgiu o movimento oposto: o *joy of missing out*, em que a graça está em não estar por dentro de tudo, na alegria de estar simplesmente desconectado e curtindo o que se está fazendo sem sofrer por não estar fazendo outra coisa. É simplesmente gostar do vazio e estar no presente.

Aliás, de tão raro na nossa sociedade, o quadro em branco se tornou uma forma de arte. O artista David Batchelor fez uma série de fotos em que mostra o quanto placas e painéis em branco colocados em muros e cercas chamam a atenção nas grandes cidades, justamente por estarem vazios, limpos, sem nada escrito, desenhado ou rabiscado. Essa experiência artística mostra o quan-

2. Expressão que pode ser traduzida como "marca sem barulho", "marca sem ruído" ou ainda "marca silenciosa".

to as pessoas notam e apreciam um respeito no visual superestimulante da vida urbana.

A arte na frente

Por sua natureza sensorial, o mundo das artes, sempre na vanguarda, tende a funcionar como uma antena que sintoniza os sentimentos da sociedade antes mesmo que eles criem substância. Por isso, a História da Arte se constrói entre ações e reações. Os impressionistas, por exemplo, buscaram retratar as suas impressões da realidade de forma pessoal e subjetiva, e desprezavam a precisão da pintura figurativa que tentava reproduzir o mundo de forma literal, documental.

Monet, Manet, Degas e Renoir mostravam em pinceladas ora furiosas ora delicadas a vida e as cenas que vivenciavam, conforme travavam contato com elas. As sutilezas cromáticas de Monet ou a percepção dos sentimentos humanos revelados nas cenas de Renoir acabaram sendo a inspiração para outras formas de se posicionar artisticamente.

Como reação a essa visão poética, os expressionistas acrescentaram o drama humano à estética de pinceladas livres. Basta ver o quadro "O Grito", do norueguês Edvard Munch, pintado na década de 1890, para notar que ali existe algo profundo, uma angústia indisfarçada, um sofrimento explícito que é mais do que a sua impressão da realidade – é a expressão de seus sentimentos.

A cena artística foi ficando cada vez mais pessoal até que, no período entre guerras, a busca da simplicidade voltou a interessar os artistas. Assim nasceu a Bauhaus, uma escola de artes aplicadas que procurava a eficiência nas formas puras. No pós-guerra, o expressionismo abstrato de Jackson Pollock (hermético e paranoico) ganhou espaço até que, nos anos 1960, a reação aos excessos virou movimento: o minimalismo, um estilo de fazer arte que busca a atemporalidade por meio da economia de elementos, usando o mínimo necessário para comunicar.

Lema dos minimalistas: "menos é mais".

No entanto, o que na arte é uma realidade, na vida real é uma forma de arte.

Então voltamos àquele quarto de brinquedos no fim do dia que é a nossa vida atual: tudo está ali, mas nada mais faz sentido. Em uma sociedade assim, torna-se cada vez mais importante encontrar formas de perceber o momento em que começa a haver desperdício de energia, recursos, dinheiro, oportunidades, de vida, enfim.

Mas...

Por que menos é mais?

Porque com menos coisas atrapalhando, dá para fazer mais, ter mais tempo, criar mais. Ser elegante é encantar na medida certa, é arrebatar pela graça e inteligência, é jamais pecar pelo excesso.

Por que ter apenas o necessário torna o indivíduo mais rico?

Porque não interessa ter um milhão de colheres quando se precisa apenas de uma faca. Ou vice-versa. A riqueza está em ter necessidades satisfeitas – tanto as básicas quanto as sofisticadas – de forma eficiente, ou seja, obtendo a melhor resposta dos recursos empregados para atingir um objetivo e não simplesmente acumulando inutilidades.

Por que é preciso dizer pouco para ser ouvido?

Porque atenção é um dos bens mais preciosos no mundo – significa conquistar tempo de vida de outra pessoa – e mensagens prolixas geram distração, desinteresse e até ressentimento. As pessoas se revoltam em perder tempo com o que consideram chato, distante, inútil. Ser eloquente significa expressar uma ideia de forma eficaz, competente e encantadora. E nada há de encantador em entediar alguém com discursos vazios.

A simples observação do que é natural no ser humano nos leva a valorizar os elementos fundamentais do minimalismo – elegância, eficiência e eloquência – e nos permite observar o quanto esses elementos são recorrentes em tudo o que alcança êxito no mercado, na vida e na natureza.

Fãs de documentários sobre a vida selvagem percebem claramente que o comportamento das espécies e sua integração ao ambiente obedecem às regras de elegância, eficiência, eloquência e êxito. As leoas sabem que correr atrás de uma zebra significa consumir suas energias e reduzir progressivamente suas chances de sucesso em outros ataques – e são eloquentes ao comunicar quaisquer das suas intenções para outros animais, tanto para a caça quanto para a reprodução. E sabem lidar perfeitamente com o êxito, porque a cada manobra destinada a conseguir comida, a cada movimento visando à sobrevivência e a cada ação de ataque ou defesa bem-sucedida, os bichos aperfeiçoam seu método para aplicá-lo em um novo ciclo. Essas são as lições que o êxito pode trazer.

Olhando por esse prisma, percebemos que a própria natureza é minimalista. O interessante é que tanto nos hábitats selvagens como na civilização, os elementos do minimalismo são fundamentais para a existência sustentável e, consequentemente, para a preservação das espécies e das empresas.

Alcançar êxito por meio de elegância, eficiência, eloquência é um desdobramento tão direto quanto verificar que o excesso desequilibra, atrapalha, confunde e, geralmente, leva à derrota.

Mas é preciso reconhecer que, em nossa sociedade, muitas vezes é difícil reconhecer o ponto em que o normal se torna excessivo. Basta imaginar um mundo com menos distração e com mais tempo para as coisas que realmente importam. Parece sedutor, não? Mas as tentações são muitas e é sempre preciso exercer a autocrítica e se perguntar sobre a necessidade de certas ações – tanto na vida pessoal como na profissional.

Executivos querem se mostrar inovadores – mesmo sabendo que aquela inovação é vazia. Ao mesmo tempo, há a pressão de copiar o concorrente para competir no mesmo nicho de mercado, não deixar espaços vagos, correr atrás de todas as chances, em uma ansiedade de realizar que beira a paranoia. Isso é uma distorção perversa do princípio empreendedor da economia de mercado, que ganhou escala com a Revolução Industrial e prega a intenção constante de otimizar as oportunidades. Só que, para investir em um mercado, é preciso ter critérios claros para que as decisões não se voltem contra o gestor no futuro.

Hoje a pressão por resultados em curto prazo é cada vez maior, o que se traduz para os líderes em pressa para colocar no mercado produtos e serviços sem deixar espaços em branco. O olhar está voltado para a concorrência, para os relatórios de vendas e até para os efeitos que determinadas atitudes podem ter na evolução de suas carreiras. O interesse do consumidor, que deveria ser o foco principal, acaba sendo ultrapassado por tudo isso.

Mas a miopia dos executivos não passa impune. Sempre que o cliente percebe que suas necessidades não foram contempladas em um lançamento, ele reage de forma contundente: não compra o tal produto. Esse tipo de decepção pode ter um efeito ainda mais dramático: o consumidor se decepciona e deixa de prestigiar a marca. Afinal, ninguém reage bem ao perceber que foi deixado em segundo plano.

Por exemplo, diante de seis diferentes marcas, o candidato à compra de uma smartTV fica indeciso. Aí vem o vendedor e lhe diz que uma das marcas fez uma pesquisa e descobriu que os clientes queriam um controle remoto mais fácil de operar. Atenta a esse desejo, a marca criou não só um controle remoto com menos botões como também um cursor semelhante ao que as pessoas estão acostumadas a usar no computador. O resultado foi uma navegação mais fácil, porque se tornou intuitiva. O consumidor fecha o negócio motivado pela atenção que a empresa dedicou à sua falta de habilidade com manuais de instruções e com a perspectiva de efetivamente utilizar os benefícios prometidos por uma smartTV. Ele percebe quando é o centro das atenções da empresa, fica grato e pode até se tornar um advogado da marca.

Nesse processo, é possível perceber os 4 Es: a elegância da empresa ao tentar descobrir o que o consumidor deseja, sua eficiência em realizar esse desejo, a eloquência da solução que motivou a venda e o êxito que vai além da venda e deve se transformar em satisfação na utilização do produto.

Esse tipo de iniciativa voltada ao consumidor não tem sido a regra geral no mercado. O que mais se vê são lançamentos motivados pelas razões mais egoístas dos líderes das empresas, como passar uma imagem de proatividade e somar feitos aos seus currículos.

Assim como os artistas do Expressionismo, os executivos de hoje criam produtos e campanhas para atender às suas próprias necessidades de reconhecimento dentro do jogo corporativo, em um movimento que ocorre em sentido inverso do que deveriam ser suas prioridades. O correto seria colocar em primeiro lugar o seu cliente, que é quem vai determinar o prestígio da empresa no mercado, e só considerar os efeitos sobre sua carreira como consequência.

Mas o que tem ocorrido é justamente a vaidade profissional como motor para o lançamento de produtos. Portanto, o excesso de modelos e de produtos que vemos no mercado está umbilicalmente ligado a essa dinâmica corporativa que privilegia o excesso. E, assim, temos o paralelo com o Expressionismo, movimento que está ligado à distorção da realidade provocada pelo ego, que determina que as prioridades e sentimentos do indivíduo se sobreponham à realidade e à razão.

Esse tipo de volúpia pela acumulação está ligado à vaidade humana. Já o Minimalismo está associado à razão. Tanto que na História da Arte vemos o surgimento de ciclos de despojamento como uma reação às ondas de produção artística que se baseiam no excesso. E essa reação pode assumir formas bastante sólidas.

Fundada em 1919, na Alemanha, pelo arquiteto Walter Gropius para ser uma escola de arquitetura, artes plásticas e artesanato, a Bauhaus extrapolou as fronteiras habituais de uma instituição de ensino de design e se tornou uma usina de ideias que buscava defender a pureza das formas e a funcionalidade das construções. Perseguidos pelos nazistas, Gropius e vários professores da escola imigraram para os Estados Unidos no começo dos anos 1930. Era a hora certa de se desvencilhar da intolerância dos seguidores de Hitler na Europa e também um momento muito fértil para que esses intelectuais plantassem sua filosofia no Novo Mundo.

Os Estados Unidos viviam os efeitos dos *roaring 20s*, os loucos anos 1920, marcados pela pujança, pelas quebras de paradigmas e pelas inovações, mas que terminaram tragicamente com a quebra da Bolsa de Nova York em 1929. Veio então a Grande Depressão e tudo o que os americanos queriam e precisavam era ouvir os sensatos alemães da Bauhaus, com suas ideias sobre forma e função, para curar a ressaca moral e econômica.

Depois de perseguida e fechada pelos nazistas, a escola ressurgiu no pós-guerra na Alemanha e até hoje a Bauhaus inspira várias formas de arte e comunicação, sempre buscando depurar ideias e projetos no sentido de buscar a excelência em termos de forma e funcionalidade.

Além da influência de Gropius, que depois se tornou diretor do curso de arquitetura da Harvard University, os Estados Unidos receberam Ludwig Mies Van der Rohe, também arquiteto e professor da Bauhaus, que havia trabalhado com Gropius e Le Corbusier no estúdio de Peter Behrens, o arquiteto que foi o pai do Modernismo.

Van der Rohe se naturalizou norte-americano e hoje é considerado um dos mais influentes arquitetos do século 20, ao lado de Le Corbusier e Frank Lloyd Wright. Foi ele quem cunhou a frase "less is more", que, em bom português, quer dizer "menos é mais", em uma fórmula que resume bem a visão de mundo dos minimalistas. Mas, provando que ser minimalista tem muito mais a ver com sofisticação do que supõe a maioria, é dele também a frase "Deus está nos detalhes".

O desenhista industrial alemão Dieter Rams nasceu em 1932 e, como convém a uma geração posterior, deu um passo adiante no conceito de Van der Rohe e defendeu a máxima *less but better*, que significa "menos, mas melhor". Com essa filosofia, tornou-se um expoente da escola de design funcionalista, com criações tão elegantes que se tornaram atemporais.

A força comunicativa dos edifícios de Gropius e Van der Rohe e dos produtos criados por Rams encontrou seu equivalente na área de comunicação nos trabalhos do publicitário Helmut Krone – também alemão de nascimento. Considerado um dos grandes criadores da história da publicidade, ele defendia o conceito de que era preciso valorizar a inteligência do consumidor, jamais mentir e falar apenas sobre o que o produto realmente entrega. Ou seja, colocar verdade e a funcionalidade no centro do processo de comunicação. Dentre os seus muitos trabalhos geniais, a campanha "Think Small" para o Fusca (Beetle) nos Estados Unidos foi a que melhor expressou seus conceitos sobre a importância de ressaltar a verdade e a conveniência de um produto para o consumidor.

O que vemos em comum no trabalho de todos esses filhos da Bauhaus é a prioridade ao consumidor, ao usuário, à pessoa que terá contato com a criação. Para eles, o cliente é o centro das ações sempre.

Atualmente a Bauhaus mantém sua visão crítica da realidade. Recentemente, discutiu a dificuldade de descrever a realidade atual não pela falta de informação, mas pelo inverso. "O crescimento constante da quantidade de dados torna difícil traçar um retrato da sociedade e distinguir o que é importante do que é banal. Hoje todos têm acesso a uma incontável riqueza de dados, muitos dos quais gerados automaticamente. São estatísticas, informações pessoais, fotos, documentos. Dificilmente alguma coisa consegue driblar a visibilidade universal da era digital", diz o texto publicado pela escola.

"Mas, paradoxalmente, o presente está cada vez mais opaco e difícil de visualizar. É tanta informação que não se consegue distinguir os problemas reais. Há dados precisos para mais e mais questões detalhadas, mas está cada vez mais complicado se orientar e alcançar uma visão panorâmica do presente. Enquanto a descrição quantitativa se adensa, a compreensão das relações mais sutis desvanece", continua. De fato, nessa era pós-digital são os algoritmos que escolhem o que é mais relevante e isso leva a uma situação em que se vê apenas parte da realidade.

O excesso de informação tem nos mundos do marketing, da comunicação e da propaganda um terreno fértil. Assistimos ou até participamos de uma insana corrida por publicar nas redes sociais, mesmo quando as publicações são absolutamente irrelevantes ou desinteressantes. Há "especialistas" que defendem que determinadas personalidades devem fazer pelo menos dois posts por dia para se manter na lista dos mais lidos. O conteúdo dessas mensagens passa a ser irrelevante. O foco é a quantidade. Mas, sem verificar a qualidade do que está indo para os seguidores, o emissor corre o sério risco de ser considerado um chato e de perder prestígio no longo prazo, em vez de fortalecer sua reputação. O excesso costuma ser um grande entrave para a qualidade. No mundo da comunicação, a quantidade tem de ser consequência de qualidade, não o contrário.

No longo prazo, os excessos, seja para que extremo apontem, não são sustentáveis. Eles levam à debilidade e ao fracasso – destino bem diferente do desejo das pessoas e das empresas, que é viver mais tempo e melhor.

Em um dos momentos mais dramáticos da história da Apple – e atualmente um dos melhores exemplos de minimalismo aplicado ao design e ao marketing –, Steve Jobs definiu que a empresa não perderia tempo, energia e investimento com uma linha extensa de produtos. Pelo contrário, teria o foco claro de buscar a excelência em uma quantidade bem limitada. Cada linha teria no máximo quatro modelos, direcionados ao uso profissional ou de lazer, de mesa ou portáteis. O raciocínio é que, com menos produtos nas lojas, os recursos da empresa seriam melhor aplicados na evolução dos itens em linha.

Mas essa coragem é rara. As pessoas se sentem confortáveis no excesso, têm medo de perder, de abrir mão, não querem escolher para não ter de renunciar. Porém, quando se diz que é preciso reduzir para abrir lugar para o novo, todo mundo concorda.

No campo empresarial, oferecer grande variedade de produtos tem a vantagem de despersonalizar os processos. Tudo é feito em função dos projetos, e as autorias ficam mais difusas internamente. Não dá para dizer que tal produto é criação de um determinado profissional ou departamento, porque todos estão envolvidos.

No entanto, quando os produtos são poucos, as diferenças de opinião não podem ser ignoradas. Quando cada departamento defende "o seu" projeto, pode acontecer de, por gentileza, executivos de outras áreas não apontarem as fraquezas do projeto alheio para não se indisporem com colegas. Mas é sabido que, se todo mundo em uma mesa de reunião concorda e não há questionamentos, o risco de fracasso aumenta dramaticamente. Não é por acaso que o investimento em publicidade cresce e o número de reclamações também.

Mas, o que agrava a dificuldade de se livrar do excesso é o fato de que vivemos tão mergulhados nele que acabamos ficando alienados. Sequer percebemos a sua presença. Paradoxalmente, é isso que nos faz apreciar tanto as coisas elegantes, eficientes e eloquentes.

Por exemplo, quando vemos Audrey Hepburn, com seu vestido preto e colar de pérolas, tomando café em frente à Tiffany's da 5ª Avenida, instintivamente temos uma sensação de atemporalidade. Entretanto, quando vemos Mae West com seus vestidos acetinados hiperjustos, curvas acentuadas, batom vermelhíssimo e cabelos louríssimos dá para sentir que essa estética só tem sentido em determinado tempo e lugar, mas que, no longo prazo, vai perder o brilho. Décadas depois, tornou-se algo antigo, datado. Naquele momento pode ser considerado ousado e fazer sentido, mas com o passar do tempo a pirueta estética não só perde a força como se volta contra o perpetrador do excesso.

A elegância, por sua vez, é atemporal: buscar o necessário, ressaltar a harmonia, evitar o desequilíbrio.

Consumir o necessário mantém os ambientes em equilíbrio. Mas o homem tende a querer sempre acumular, ir além do necessário. Assim, conforme a população humana cresce, o padrão de conforto aumenta e as engrenagens do mercado se tornam mais ávidas, os desequilíbrios se tornam evidentes: aquecimento global, espécies em extinção, epidemia de obesidade em algumas áreas do planeta e fome endêmica em outras partes.

O elo perdido entre a sustentabilidade natural e o excesso devastador é a gestão humana, é a habilidade de manejar os recursos para que eles sejam suficientes para todos. O minimalismo é a ferramenta certa para guiar essa gestão de recursos, porque ele não só ajuda a equilibrar o dispêndio desnecessário como sempre vai colocar o cliente no centro das decisões. Afinal, ser minimalista implica em ser reconhecido pela qualidade.

Vale sempre lembrar que o Minimalismo se relaciona com a essência, com a pureza, com a racionalidade. Nada tem a ver com escassez. Baseia-se em elegância, eficiência, eloquência, qualidades que, juntas, inexoravelmente, levam ao êxito nas empresas e na esfera pessoal.

O Minimalismo é uma estratégia para a existência, um estilo de vida que ajuda as pessoas a questionarem o que agrega valor de verdade às suas vidas. Ao tirar o que está entulhando seus caminhos, é possível encontrar espaço para aspectos da vida que realmente importam, como saúde, relacionamentos, crescimento, contribuição, alegria e criatividade. Obviamente que uma "vida simples" tem significados diferentes para cada pessoa. Mas, em termos gerais, tirar o excesso da bagagem da vida é um desejo de todos.

O primeiro passo para isso é sempre perguntar: "Isso vai simplificar minha vida?" Se a resposta vier acompanhada de um "não" ou até de um "mais ou menos", melhor reconsiderar. Manter na vida e no trabalho o que gera melhor resposta ao seu tempo e esforço é sempre positivo. Por isso, o melhor é abrir mão do que desperdiça tempo e investimento e que não combina com seus valores e prioridades.

Como a vida é dinâmica, essa avaliação deve ser feita de tempos em tempos, talvez no momento do planejamento anual da empresa. Verifique o que não funcionou no último ano. Separe as coisas friamente. Encare o fato de que, se não deu certo em 12 meses, não dará mais. Hora da limpeza. Da faxina.

Mas é preciso ser corajoso para ser minimalista. É preciso enfrentar o paradoxo da escolha. Cada vez que um compromisso é eliminado, é possível que surja uma sensação de culpa, que pode vir agravada pela opinião de outras pessoas (não se esqueça: a maioria vive em uma frequência de acumulação!). Mantenha a frieza e a decisão. Lembre-se de que uma atitude minimalista se reverte em mais espaço para o novo, mais qualidade de vida, mais tempo. Em uma empresa, isso se transforma em melhores chances de perceber e aproveitar oportunidades de mercado, de dar tempo às equipes para exercer a criatividade.

Simplificar as coisas não significa deixar tudo vazio. Significa abrir espaço para o que há de melhor. Uma parábola conta que um grande rei africano encontrou o maior diamante da Terra. Imediatamente, dois multibilionários correram até a tribo para comprá-lo. O rei disse que venderia para aquele que soubesse dar maior valor à pedra. Então, lançou aos dois o desafio: cada um teria de fazer um pedestal para expor o diamante. Um dos competidores lançou mão de todos os recursos, fez um pedestal de ouro todo trabalhado e incrustado com pedras preciosas, um verdadeiro deslumbre. Já o outro milionário revestiu o pedestal de veludo negro. Depois de colocar a pedra nos dois expositores, o rei escolheu o pedestal em veludo negro, porque achou que ele ajudava a mostrar a beleza natural da pedra. No de ouro, ela ficava perdida no acúmulo de preciosidades. O minimalismo é o pedestal de veludo negro.

Portanto, seja qual for o projeto em desenvolvimento, o cliente sempre tem de ser visto como o diamante. Tudo deve ser feito em função dele.

As pessoas querem produtos e serviços que tornem sua vida mais fácil. Só que só é possível simplificar a vida do cliente investindo tempo e muito trabalho no processo de pesquisa e desenvolvimento. Só o conhecimento profundo sobre o produto, o mercado e o cliente é que pode fazer as coisas ficarem mais elegantes, eficientes, eloquentes e exitosas.

Para isso, é preciso viver em constante aprendizado. E ser sensível às mudanças de cultura – tanto as provocadas por questões geográficas quanto as socioeconômicas e também as etárias. Um consumidor de um país nem sempre age como o de outro. Conforme ascendem socialmente, as pessoas adotam comportamentos diferentes das que já pertenciam àquela classe. Os novos-ricos ou os novos classes médias serão sempre diferentes dos antigos. Se ocorre uma mudança socioeconômica, inevitavelmente vai ocorrer uma mudança de perfil de consumidor. Empresas que não enxergam isso correm risco. Outra coisa que altera o cenário é a chegada das novas gerações ao mercado consumidor. São compradores que nasceram em um novo ambiente tecnológico, e sua abordagem em relação ao consumo é bem diferente. Tudo isso exige que gestores e profissionais de marketing estejam sempre muito atentos.

Algo que poucos percebem é que o consumidor é minimalista. Ele quer algo que atenda à sua necessidade. *Plug and play.* Não quer ler manuais, não quer tutoriais, quer um funcionamento fácil. Ver um manual de instruções gigantesco desanima qualquer um. E, nesse sentido, a facilidade e a simplicidade se tornam diferenciais importantes do produto. As pessoas gostam de se surpreender com a facilidade de operação ou de entendimento – por isso, marcas como a Apple têm fãs e não apenas consumidores –, e interpretam isso como qualidade.

Infelizmente, muitas empresas só descobrem a beleza do minimalismo quando estão em crise. Para algumas, essa descoberta pode, inclusive, permitir sua recuperação. Além de tirar o excesso de bagagem da operação, empresas nessas condições têm mais facilidade de cortar os produtos que não apresentam bom desempenho de vendas. Ou seja, aprendem a colocar seu foco no que faz o seu cliente mais feliz.

É a lógica dos balões. É preciso tirar os sacos de areia do lastro para que eles subam. O ar quente já está lá, mas o peso não permite o voo.

Isso pode soar básico, mas a verdade é que o processo de crescimento torna as empresas míopes em relação ao consumidor e seus desejos. Muitas chegam a perder seu propósito. Daí a importância de ver a vida e os negócios com a lente do minimalismo. Com ela, vê-se que uma vida com menos se torna uma vida com mais: mais tempo, mais satisfação, mais equilíbrio e mais segurança, proporcionados por mais elegância, eficiência, eloquência que, juntas, levam ao êxito.

Deixe sua mochila mais leve e coloque seu balão para voar!

CAPÍTULO 2

Os 4Es

Elegância, eficiência, eloquência e êxito são qualidades onipresentes nos melhores exemplos de estratégia e marketing de todos os tempos. São virtudes que apresentam amplas áreas de intersecção entre si, a ponto de terem fronteiras bem difusas. Muitas vezes, é difícil saber onde termina uma e começa a outra. O fato é que esses fatores formam uma equação que explica os grandes resultados obtidos em termos de valorização de marca e retorno financeiro de diversas empresas ao longo da História e que, no futuro, será cada vez mais crucial para a sobrevivência de qualquer tipo de empreendimento.

Aqui cabe um esclarecimento: quando falamos de empresas, estamos pensando no sentido mais amplo do termo, que abarca tudo o que é desenvolvido com vistas a obter um determinado resultado. Ou seja, vale para as mais diversas situações – desde as macroempresas da História, passando pelo sistema de produção de grãos no Egito Antigo, a formação do Império Romano, a construção da Igreja Católica, as grandes navegações, a conquista do espaço e o desenvolvimento da internet até as modernas *startups* –, e os mais diversos portes: da General Electric ao eletricista, da Zara à costureira de bairro, ninguém escapa da força dos 4 Es quando busca bons resultados.

A qualidade transversal dos Es é a razão de sua força. E, como no alfabeto, são anteriores aos famosos 4 Ps do marketing[3] (produto, posicionamento, preço e promoção), porque existem em um momento anterior, conceitual. Estão em um plano que tem mais a ver com a personalidade do empreendedor e seu sistema de crenças e visões de mundo do que com a sua formação técnica e consciente.

Boa parte do sistema de avaliação baseado nos 4 Es é indutiva e exige a boa integração entre o lado racional e objetivo do cérebro (o esquerdo, para a maioria) com o lado intuitivo e subjetivo (o direito, para os destros) porque essas virtudes combinam matéria e empatia de forma indissociável.

Por exemplo, estudos mostram que quando uma pessoa vê um lindo cavalo correndo no pasto suas pupilas se dilatam em função da emoção causada pela beleza dos movimentos do animal. Essa reação ocorre antes mesmo de o lado racional do cérebro formular pensamentos concretos do tipo: "Esse cavalo é um puro-sangue inglês criado no Kentucky e descendente de longa linhagem de campeões, entre os quais o Fusaichi Pegasus, vencedor do Kentucky Derby do ano 2000, e que chegou ao valor de US$ 60 milhões".

Nos dias de hoje, em que todo tipo de informação está guardado no bolso e a alguns cliques de distância, saber tudo isso sobre o animal é menos importante do que o prazer de assistir seus movimentos. Cada vez mais, fato e emoção se combinam como *drivers* (orientadores) de consumo. Por isso, uma saia e um casaco passam a ser muito mais do que uma roupa prática quando entra em cena a informação de que são da marca Chanel, criada pela designer que revolucionou a forma de vestir das mulheres no século 20.

3. Teoria desenvolvida pelo economista e professor Philip Kotler.

Abundância e minimalismo

Vivemos em um mundo de abundância. E, graças a isso, podemos subverter a ordem de satisfação de necessidades descrita na teoria do psicólogo norte-americano Abraham Maslow[4]. Publicada em 1949, no pós-guerra, portanto, a teoria refletia claramente os rigores enfrentados pelas pessoas durante os anos de conflito e colocava a realização pessoal como o fim de uma jornada que começava nas necessidades fisiológicas, como alimento e sono, e passava por itens de segurança, como emprego e propriedade, chegando à segurança emocional de amizade e família e ao desenvolvimento da autoestima, até culminar na criatividade e na espontaneidade.

Algumas décadas depois de publicada, a teoria de Maslow passou a ser reinterpretada. Afinal, hoje as pessoas vivem com mais conforto, opções e oportunidades do que em qualquer outro momento da História. A maioria busca atender às próprias necessidades em todos os pontos da pirâmide desenvolvida por Maslow. Antes, ter uma roupa para vestir era uma necessidade de se proteger do frio ou mostrar sua condição social. O número de peças que cada indivíduo possuía não costumava ser tão grande. Bastava um guarda-roupa de duas portas e uma cômoda. Hoje, ter walk-in closets do tamanho de quartos é algo comum.

Portanto, na atualidade, boa parte do consumo não é motivado por necessidades agudas e sim por desejos voláteis.

O salto entre a necessidade e a abundância veio acompanhado de uma série de novos quesitos que envolvem o impulso de compra e vão muito além da mera necessidade. Como as pessoas sempre terão roupas para sair de casa, todo o varejo de roupas se baseia em aspirações que nada têm de objetivas.

4. A hierarquia de necessidades de Maslow, também conhecida como pirâmide de Maslow, é uma divisão hierárquica proposta por Abraham Maslow em que as necessidades de nível mais baixo devem ser satisfeitas antes das necessidades de nível mais alto. Cada um tem de "escalar" uma hierarquia de necessidades para atingir a autorrealização. Maslow define um conjunto de cinco necessidades descritas na pirâmide:.

Por exemplo, o jeans representa bem o processo evolutivo do marketing entre o fim do século 19 e o começo do século 21. Como produto, a calça de denim (que é uma trama de algodão tingida de azul com resistência semelhante à das lonas) surgiu para atender às necessidades dos mineradores que foram para o Oeste dos Estados Unidos, mais especificamente para a Califórnia, em busca de ouro. Nessa época, a cidade de San Francisco, dotada de um porto movimentado, era o grande entreposto comercial da região e atraía para si aventureiros da Corrida do Ouro, novos milionários, grandes produtores de frutas da região, trabalhadores da ferrovia, artistas e empreendedores de todo tipo. No meio deles, veio um sujeito chamado Levi Strauss que percebeu que seus clientes reclamavam que o peso dos equipamentos e das eventuais pepitas de ouro fazia os bolsos das calças de denim descosturar. Daí surgiu a ideia de colocar rebites nos pontos de mais pressão. Assim, a *commodity* calça de denim evoluiu para um produto com o valor agregado procurado pelas pessoas.

Não adiantava comprar qualquer calça, era preciso comprar a do Levi. Assim nasceu a Levi's e a Levi's Strauss & Co. se estabeleceu e se tornou uma marca reconhecida mundialmen-

---

- necessidades fisiológicas (básicas), tais como a fome, a sede, o sono, o sexo, a excreção, o abrigo;
- necessidades de segurança, que vão da simples necessidade de se sentir seguro dentro de uma casa a formas mais elaboradas de segurança, como um emprego estável, um plano de saúde ou um seguro de vida;
- necessidades sociais ou de amor, afeto, afeição e sentimentos, tais como pertencer a um grupo ou fazer parte de um clube;
- necessidades de estima, que passam por duas vertentes: o reconhecimento das nossas capacidades pessoais e o reconhecimento dos outros face à nossa capacidade de adequação às funções que desempenhamos;
- necessidades de autorrealização, em que o indivíduo procura se tornar aquilo que ele pode ser: "What humans can be, they must be: they must be true to their own nature!" (Tradução: "O que os humanos podem ser, eles devem ser: eles devem ser fiéis à sua própria natureza).

É neste último patamar da pirâmide que Maslow considera que a pessoa tem de ser coerente com aquilo que é na realidade, desenvolvendo ao máximo seu potencial. (retirado de: *http://pt.wikipedia.org/wiki/Hierarquia_de_necessidades_de_Maslow*).

te. O "P" de produto estava lá. O P de posicionamento da marca, porém, foi mudando conforme a sociedade mudou. Depois de vestir os mineiros, passou a caracterizar os caubóis, foi adotada pelos jovens, tornou-se símbolo do movimento hippie, subiu ao palco com os roqueiros dos anos 1970 para nunca mais sair dele e, mais recentemente, virou uniforme de toda a geração de gênios da tecnologia da informação. Mas, fosse qual fosse a onda, o produto estava posicionado como algo confiável, acessível, jovem, prático, rebelde e charmoso. Preço e promoção acabaram vindo a reboque dessa versatilidade de posicionamento do produto.

Mas o que faz uma determinada marca ter um bom desempenho em produto, posicionamento, preço e promoção é sua destreza em aplicar os quatros Es – elegância, eficiência, eloquência e êxito – nas estruturas formadoras da organização, algo que passa pela gestão, pela inovação e pela comunicação.

Hoje, em termos de marketing, uma calça jeans é percebida como peça de design capaz de transmitir muitas mensagens. Além de ressaltar ou disfarçar determinadas características físicas conforme a estética do momento, oferece pistas importantes sobre o estilo de vida de quem a veste e pode revelar até suas preferências musicais – rappers preferem modelos bem amplos, já roqueiros querem o tecido colado à pele –, além, é claro da condição social. São códigos poderosos, que hoje têm prevalência sobre a mera necessidade de cobrir o corpo, e que nascem da aplicação intrínseca dos quatro Es em seu ciclo de existência – de sua concepção à sua perpetuação.

Não importa o setor ou o raio de atuação, para qualquer empresa a permanência no mercado é proporcional ao índice de empenho em manter os 4 Es ativos e saudáveis como ponto de partida para a sua atividade.

Se os quatro Ps são o corpo do marketing, o que o coloca em movimento, os quatro Es são a sua psique, o

conjunto de fatores e referências que precedem os movimentos e que, em última análise, os determinam.

Por isso, vale a pena mergulhar no significado e na abrangência dos conceitos de elegância, eficiência, eloquência e êxito para perceber sua aplicação no marketing.

CAPÍTULO 3

Elegância

Simplicidade, harmonia, leveza e um charme difícil de definir em palavras, mas muito fácil de reconhecer – até fisicamente, por meio dos cinco sentidos – compõem a percepção que as pessoas têm do termo elegância.

Frequentemente usado como sinônimo para a palavra 'beleza', o conceito de elegância também carrega em si as conotações de eficácia e de simplicidade e aponta para resultados harmônicos, dotados de fluidez e identidade.

Além disso, a palavra elegância passou a ser usada como padrão de bom gosto. As coisas elegantes exibem graça, propriedade e dignidade.

Por tudo isso, "elegante" se tornou o adjetivo mais desejado para descrever fórmulas matemáticas e conceitos científicos, além de ser altamente valorizado nas artes.

Por exemplo, teoremas matemáticos e programas de computadores conquistam esse adjetivo quando se mostram ao mesmo tempo simples e amplamente efetivos. Para ser considerado elegante, um algoritmo deve ter uma quantidade pequena de código e gerar efeitos grandiosos.

Para ser reconhecida como elegante, uma solução em engenharia geralmente é aquela que vai além do óbvio, e muitas vezes é capaz de resolver mais de um desafio ao mesmo tempo.

Na química, a elegância é um objetivo que inspira fórmulas e pode ser aplicado à manipulação de materiais, utilização de recursos, síntese de elementos e análise dos compostos.

A busca pela combinação de simplicidade, harmonia e alta eficácia é onipresente em vários campos do conhecimento humano.

Mas pouco se fala dela no reino da gestão. Grande erro. Elegância em gestão se traduz em harmonia e prosperidade. Quando um gestor estabelece metas e processos simples, ele está também aumentando o estímulo de seus colaboradores e parceiros para atingir essas metas, porque transmite clareza em seus propósitos. Esse é um motor importante de produtividade.

Simplicidade

A palavra *simples* é composta por dois radicais: *sim*, que significa único, e *plex*, que significa dobra. Portanto é algo com apenas uma dobra. Já o complexo é o que tem muitas dobras.

Vale notar que ser simples nada tem a ver com ser simplório, que é aquele que se contenta com o trivial, não tem grandes ambições e acaba sendo vítima da complexidade da vida. O simples é aquele que combate a complexidade, eliminando as dificuldades para chegar a um resultado. O simplório chega a um ambiente todo bagunçado, escolhe um canto e fica lá sentadinho, acuado, sem se mexer. Já o simples é aquele que enfrenta a bagunça e começa a limpar o lugar, até se sentir confortável e senhor daquele espaço.

Nada é mais importante na gestão de uma empresa do que criar espaço para que os colaboradores possam existir e se expandir criativamente. Estruturas corporativas entulhadas de burocracia impedem a inovação porque embotam a criatividade – o que se torna um grande problema, porque é a capacidade de criar que gera soluções simples e, portanto, elegantes.

É interessante notar que a elegância corporativa tende a se manifestar mais claramente nas empresas administradas por seu fundador ou que conseguiram continuar fiéis aos princípios que esse fundador estabeleceu. Geralmente, os fundadores enxergam os diferenciais de sua empresa com tamanha clareza que atuam para resolver as coisas de forma simples e eficaz. Em muitas delas, a elegância é tão profundamente presente no modelo de negócio que chega a ser seu principal fator de perpetuação. Sem dúvida, o gene da elegância tem papel fundamental na longevidade empresarial.

Ser elegante em termos corporativos significa colocar o cliente em primeiro lugar. Dirigir toda a sua energia e criatividade para o propósito de tornar a vida do consumidor melhor – algo que costuma estar diretamente ligado à simplicidade de uso. Essa dinâmica de agir constantemente para tornar uma facilidade acessível a todas as pessoas é o que torna uma empresa elegante.

Louis Vuitton, Henry Ford, Walt Disney e Steve Jobs têm em comum a virtude da elegância, no sentido de que buscaram sempre oferecer a seus clientes a forma mais simples de consumir o que desejavam.

Considerada referência de luxo no planeta, a marca Louis Vuitton está na origem do LVMH Group, holding formada por 70 marcas que emprega 120 mil pessoas ao redor do planeta e relatou vendas de 30,6 bilhões de euros em 2014. Vale notar que a Louis Vuitton tem sido a marca de luxo mais valorizada no ranking Best Global Brands da Interbrand desde que o ranking foi criado no ano 2000, sempre entre a 14ª e a 19ª posição no ranking geral.

Nada mal para uma empresa que começou com a combinação de tenacidade, habilidade e criatividade de um garoto do interior chamado Louis Vuitton[5]. Ele estabeleceu uma filosofia de trabalho transversal à gestão, aos produtos, à distribuição e ao marketing ainda visíveis no grupo, o que lhe garante a liderança nos cinco principais segmentos do mercado de luxo: vinhos e destilados, moda e artigos de couro, perfumes e cosméticos, relógios e joalheria e varejo de luxo.

5. http://www.biography.com/people/louis-vuitton-17112264#luxury-brand

Nascido em 4 de agosto de 1821, Louis Vuitton chegou a Paris a pé, aos 16 anos, em janeiro 1837, vindo de Anchay, cidade a 440 km de Paris. Na verdade, o rapaz saiu de casa aos 13 anos por detestar a madrasta (sua mãe morreu quando ele tinha 10 anos) e por não ver futuro na vida provinciana de sua cidade. Levou quase três anos para chegar porque foi procurando trabalho e abrigo ao longo do caminho. Isso desmonta a ideia preconcebida de que elegância tem a ver com "berço" ou "formação".

Aplicado ao contexto empresarial, o conceito se traduz na preocupação em fazer algo tão bem feito, de forma tão simples e harmônica, que o resultado vai além de satisfazer o cliente e chega a surpreender e provocar admiração. Ou seja, pouco importa a origem da empresa – o que vale é o rumo que dá às suas atividades. O que nos leva de volta à história da pessoa Louis Vuitton.

Já em Paris, a disposição do jovem para trabalhar e aprender conquistou o fabricante de caixas e baús Monsieur Maréchal, artesão famoso na capital francesa. Naquele ponto da história, só os ricos viajavam e ter boas malas e caixas para transportar seus luxuosos pertences passou a fazer parte da imagem pessoal.

Louis Vuitton trabalhou por 17 anos com seu mestre, até que em 1854 passou a ter seu próprio atelier na Rue Neuve-des-Capucines 4, perto da Place Vendôme. Abriu a loja própria para atender à enxurrada de clientes que passaram a lhe procurar depois que a Imperatriz da França, Eugenie de Montijo, esposa de Napoleão III, o contratou para "embalar as roupas mais espetaculares da forma mais extraordinária". Então com 34 anos, Vuitton assumiu o desafio, atendeu às expectativas e fez da imperatriz sua primeira "garota-propaganda". Com a aprovação de Eugenie, Louis ganhou espaço junto à elite europeia como referência na fabricação de baús e caixas.

Acostumado a combinar criatividade com excelência na execução dos produtos, Vuitton conquistou o salvo-conduto de sua clientela para inovar e criou as malas retangulares de linhas retas, uma grande novidade. A proposta de Vuitton ganhou adesão imediata porque solucionava a questão do aproveitamento de espaço nos meios de transporte mais modernos da época, trens e navios a vapor. Vuitton foi ousado: propôs malas em lona, que eram mais leves do que as de couro. Sua credibilidade como fabricante foi decisiva para que a novidade fosse rapidamente absorvida pela clientela. A empresa prosperou rapidamente e Vuitton abriu uma fábrica em Asnières, subúrbio da capital francesa. Mas o cerco a Paris em 1870, durante a Guerra Franco-Prussiana, destruiria as instalações e dispersaria sua equipe.

Aos 50 anos, Vuitton teve de recomeçar. E o fez com entusiasmo. Abriu uma nova loja em um endereço badalado: Rue Scribe, perto do Jockey Club. Dois anos depois já estava lançando outra novidade sem precedentes: um novo modelo de baú com design simples e elegante que conquistou a elite da cidade.

A habilidade de Vuitton em criar soluções para seus clientes e a excelência na confecção dos produtos lhe conferiu fama mundial. O que não o colocou na zona de conforto. Pelo contrário, fez com que ele se esmerasse em sempre ir além e surpreender seus clientes. Essa filosofia contagiou seus filhos. Assim, em 1886, Georges Vuitton criou um fecho inviolável que mudou o mercado. E assim as inovações foram surgindo continuamente para atender às necessidades de seus clientes.

Esse é o DNA de elegância da marca: olhar pelos olhos dos consumidores, antecipar necessidades e, por isso, oferecer soluções criativas e de alta qualidade. No caso da Louis Vuitton, tudo isso é possível porque vem com margens de lucro que permitem à empresa continuar investindo em pesquisa e desenvolvimento de produtos e serviços. A empresa é um bom exemplo do ciclo que começa com elegância e se desdobra em eficiência, eloquência e êxito, ponto em que começa um novo ciclo.

Em 1987, a Louis Vuitton fez uma fusão com a Moët et Chandon e com a Hennessy, ambas empresas do setor de bebidas com larga tradição. A junção das empresas deu início a uma série de aquisições. Hoje, fazem parte do grupo marcas que são ícones em seus segmentos, como os champanhes Dom Pérignon, Veuve Clicquot e Krug, e os relógios e joias Chaumet, TAG Heuer, Hublot e De Beers. Em alta costura, as marcas incluem Dior, Bulgari, Fendi, Givenchy, Emilio Pucci, Donna Karan e Marc Jacobs, além dos perfumes Christian Dior, Guerlain e Kenzo.

A empresa, que até hoje é familiar, tem como premissa honrar a tradição de cada uma das marcas e permitir que cada uma desenvolva seus produtos com liberdade, de forma criativa e surpreendente. A grande força do grupo é estimular cada marca a usar seu passado como combustível para o futuro e buscar sempre a vanguarda.

"Nosso modelo de negócio está ancorado em uma visão de longo prazo que ajuda a construir a herança de nossas marcas e que estimula a criatividade e a excelência. Esse modelo orienta o sucesso do Grupo e assegura seu futuro promissor", afirma o CEO do LVMH Group, Bernard Arnault[6].

Graças a essa dinâmica da empresa, a LVMH foi considerada em 2014, pelo sétimo ano consecutivo, a empresa mais desejável para trabalhar entre os estudantes de administração de empresas na França. A pesquisa Trendence France cobre 22 mil estudantes e recém-formados de 158 universidades. No ranking Universum France[7] de futuros empregadores, o LVMH completou 10 anos seguidos em 1º lugar em 2015. O fato é que mesmo os mais jovens reconhecem instintivamente a consistência dos princípios da empresa.

Muitos podem não ter a exata dimensão, porém, do que é o trabalho que está por trás de uma empresa elegante, que pauta suas ações pela simplicidade, pela harmonia, pela fluidez e pela criatividade, tendo sempre o interesse do consumidor como premissa.

---

6. http://www.lvmh.com/group/about-lvmh/the-lvmh-model/
7. http://www.lvmh.com/news-documents/news/lvmh-tops-trendence-france-2015-preferred-employer-ranking/

Sabiamente, Arnault enfatiza a importância de pensar em longo prazo. A pressa em produzir lançamentos muitas vezes inócuos só entulha o portfólio das empresas e gera a complexidade que o minimalismo busca combater.

Harmonia

Ser elegante exige muita proatividade e nos remete ao conceito de "*spezzatura*", termo em italiano que designa a qualidade daquele que não aparenta esforço algum ao realizar atividades complexas. Ou seja, que é capaz de fazer o complexo parecer simples. O termo foi cunhado no fim do século 16 por Baldassare Castiglione, autor do *Livro do Cortesão* e, embora se refira a uma realidade confinada a um tempo e lugar específicos, apresenta uma série de conceitos que têm tudo a ver com os nossos dias e com o mundo corporativo.

Castiglione descreve em seus escritos a capacidade de fazer com que coisas muito complexas pareçam leves e naturais. Por exemplo, quando o espectador assiste uma bailarina realizando saltos e paradas em sapatilhas de ponta só se admira a beleza da cena e o sorriso no rosto da artista. O que ninguém vê são as bolhas nos pés e os artelhos deformados pelas horas de aulas e ensaios.

Cada vez mais, as empresas têm de ser elegantes como bailarinas. Não importa o quão custoso e difícil seja o processo de desenvolvimento de um produto, o cliente não deve perceber isso. Pelo contrário, quanto mais a empresa se dedica à criação de um produto, mais fácil de usar e mais benefícios o consumidor deve perceber nele. O esforço e a dedicação das equipes que o desenvolveram devem se converter em facilidade para o público-alvo.

O conceito renascentista de *spezzatura* se relaciona à capacidade das empresas de oferecer produtos e serviços cada vez mais relevantes e personalizados aos seus clientes. Por exemplo, uma fabricante de aparelhos eletrônicos demonstra *spezzatura* quando oferece um controle remoto simplificado para o seu consumidor criado a partir de uma intensa pesquisa sobre os hábitos de uso dos aparelhos. Empenho em descobrir o que funciona ou não para o consumidor que quer usar sua smartTV foi o que gerou o avanço. Quem compra a TV não precisa saber do esforço realizado pela empresa para simplificar sua vida. Isso é agir corporativamente com *spezzatura*, com elegância. Hoje em dia, os designers assumiram em grande parte a missão de transformar dificuldades em facilidades.

O designer do revolucionário iPod, Tony Fadell[8], em recente palestra no TED[9], chamou a atenção para o fato de que é obrigação do designer observar o que incomoda as pessoas com tanta frequência que elas chegam a parar de notar o incômodo. Para ilustrar a situação, ele recorre a uma cena da clássica comédia *The Blues Brothers* (1980), em que John Belushi vai visitar Dan Aykroyd em seu minúsculo apartamento em Chicago, literalmente a um metro dos trilhos da ferrovia. Quando o trem passa, tudo chacoalha e, ainda meio em choque, Belushi pergunta "Com que frequência o trem passa?" e a resposta é "Tanta que logo você nem vai notar". Na visão de Fadell é precisamente isso que acontece com as vítimas do design: elas se habituam ao incômodo.

Só que incomodar as pessoas não é nada elegante. Então, a busca pela elegância passa sempre pelo processo de observar detalhes e criar soluções melhores. Isso exige tempo, talento, investimento e, acima de tudo, tenacidade. Como Fadell enfatiza, é muito fácil se habituar ao que incomoda. Por isso, muitas empresas seguem adiante com produtos que não são os mais bem pensados ou os mais confortáveis para os consumidores. Empresas que não se dispõem a evoluir em termos de design estão em risco constante de perder espaço para quem leva a sério a missão de simplificar a vida das pessoas. Ou de simplesmente fazê-las mais felizes com os objetos que adquirem.

---

8. http://www.ted.com/speakers/tony_fadell
9. http://www.ted.com/talks/tony_fadell_the_first_secret_of_design_is_noticing

Fadell chama a atenção para o fato de que nem sempre é tão complicado criar uma forma de tornar o consumidor mais feliz. É só prestar atenção ao que aborrece. Por exemplo, por mais de uma década, quem comprava um celular novo tinha de conter seu desejo e entusiasmo por começar a usá-lo imediatamente porque na embalagem vinha uma clara recomendação de que o aparelho estava sem bateria e que ela precisaria ser carregada por 24 horas. Um dia inteiro! E o que o comprador faz com o seu desejo de explorar o novo aparelho? Era uma frustração proporcional à excitação pela compra, mas com saldo negativo para o comprador.

Em sua palestra no TED, o designer que criou o revolucionário iPod relembrou essa situação dos apaixonados por gadgets e contou que Steve Jobs, CEO da Apple, também se incomodava com o tal aviso. Por isso, mudou o processo. Em vez de testar cada equipamento por meia hora, passou a fazê-lo por duas horas, tempo suficiente para dar uma carga na bateria. "Então, o consumidor, com todo aquele entusiasmo, poderia tirar o produto da caixa e usá-lo imediatamente. Isso foi legal e as pessoas gostaram", conta Fadell. Hoje, muitos produtos vêm com suas baterias carregadas, mas os benefícios pelo pioneirismo dessa "inovação" serão sempre da Apple. E quando falamos em benefício, consideramos tanto o aspecto de vendas quanto o de imagem da marca e de fidelização dos consumidores.

Perceber antes o que vai agradar por deixar a vida mais simples é o grande segredo da elegância, segundo o marketing minimalista. Essa verdade é antiga – está aí a história de Louis Vuitton para provar – mas vai ganhar potência com as novidades da era pós-digital.

Identidade

Talvez a maior revolução nesse sentido venha com o desenvolvimento da Internet das Coisas, ou IoT (do inglês *Internet of Things*), que consiste no processo de comunicação entre aparelhos e equipamentos. Por exemplo, uma televisão sabe que o seu proprietário sempre assiste a jogos de futebol e a geladeira sabe que ele sempre reduz a temperatura quando coloca cerveja para gelar. Em dia de jogo, os dois equipamentos "conversam" e a geladeira automaticamente baixa a temperatura interna. Essa comunicação entre as coisas vai gerar muitos dados e as empresas que melhor souberem lê-los vão levar vantagem na batalha pelo consumidor.

As empresas inteligentes poderão oferecer soluções cada vez mais simples e relevantes aos seus consumidores, aumentando dramaticamente seu índice de elegância no âmbito da concepção de produto e no marketing.

Segundo o especialista em vida digital norte-americano Aaron Shapiro[10], o próximo grande salto em design e tecnologia será o *antecipatory design*, que consiste na criação de produtos, serviços e experiências que eliminam as escolhas desnecessárias da vida das pessoas, antecipando sua forma de agir – exatamente como a troca de informações entre televisão e geladeira poderá fazer quando a IoT se desenvolver o suficiente.

Shapiro argumenta que o design convencional assume que o designer está criando algo – seja físico ou digital – que as pessoas usam. O usuário interage com o que foi criado ao segurar ou tocar o equipamento. O *antecipatory design* antecipa comportamentos e prevê que o usuário "ensine" suas preferências ao equipamento. Assim, se a pessoa sempre baixa a temperatura quando a cerveja é colocada, a geladeira é capaz de aprender isso. Ou se ela toca sempre no mesmo aplicativo, o celular vai posicionar esse aplicativo em um lugar mais nobre na tela do aparelho. Isso já acontece quando se escolhe uma música com frequência ou se comenta as postagens de uma pessoa nas redes sociais. As coisas "aprendem" nossos hábitos.

10. Aaron Shapiro, no artigo, "The Next Big Thing in Design? Less Choice", http://www.fastcodesign.com/3045039/the-next-big-thing-in-design-fewer-choices

Mas por que isso é importante, além de ser interessante? Porque conforme os dados sobre nossos hábitos ficam mais claros, as ações de marketing passam a buscar mais relevância. Os clientes fidelizados da rede de supermercados Pão de Açúcar periodicamente recebem cupons de descontos em casa para itens que compram com frequência. Pode ser abacate ou vinho espumante, o fato é que o supermercado sabe o que o cliente gosta e oferece ofertas e descontos nesses itens. De que adianta oferecer vantagens para comprar couve-flor ou cerveja se o cliente nunca comprou esses produtos? Ou seja, essa é uma ação de marketing elegante, porque traduz a preocupação em ser relevante.

A despeito de algumas iniciativas genuinamente elegantes, o que mais se vê no marketing atual é uma selva de escolhas irrelevantes sendo impostas ao consumidor sob o título de oferta de opções.

Ao longo dos anos 1990, a ampla oferta de opções era considerada uma forma de empoderar o consumidor. A chance de decidir se o seu café seria normal ou descafeinado, misturado com leite, se o leite seria integral ou desnatado, se o café viria com espuma ou sem, se seria grande ou pequeno foi, por muitos anos, considerada a explicação para o sucesso da rede norte-americana Starbucks. Com o tempo, os estudiosos de marketing perceberam que a popularidade da rede não tinha tanto a ver com o café, mas sim com o ambiente.

De qualquer forma, a Starbucks passou a ser o exemplo perfeito para o argumento de que oferecer muitas opções é algo bem aceito e valorizado pelo consumidor. Essa visão não está completamente errada na medida em que reflete um valor da sociedade. Todos nos sentimos poderosos quando podemos escolher. Gerações mais antigas sempre repetem que em tempos de guerra ou de crise econômica, ou mesmo nos tempos em que a maior parte da população vivia na zona rural, não havia muita chance de escolher. Por isso, os departamentos de pesquisa e desenvolvimento e as campanhas publicitárias buscaram sempre enfatizar a variedade.

Mas a era digital trouxe uma mudança sutil na abordagem das pessoas sobre a questão da escolha. As pessoas querem decidir, mas não querem ter de tomar decisões o tempo todo. Isso é exaustivo.

Estima-se que atualmente um terráqueo médio toma cerca 35 mil decisões por dia. Claro que a quase totalidade delas é minúscula e sem importância alguma – usar camisa branca ou azul? – e várias podem ter consequências pouco importantes. Ou não. Por exemplo, decidir entre usar açúcar ou adoçante é uma das tais milhares decisões simples, mas, devido à grande quantidade de informação que vem à mente envolvendo as duas formas de adoçar o café, a dose de tensão sobre a decisão aumenta. Aliás, essa mesma enxurrada de dados sobre tudo faz a própria escolha de tomar café vir carregada de ponderações e a "pequena decisão" ganhar proporções de vida ou morte. Afinal, o que é mais saudável? Vale a pena sacrificar o sabor em prol da redução de calorias? Essas são apenas algumas das questões que podem surgir...

Assim, quando tem de tomar as decisões cruciais da vida, a pessoa já está com seus "músculos de decisão" tão exaustos que acaba por decidir mal. Ou simplesmente se recusa a decidir.

Para o gestor de marketing, provocar esse tipo de reação às escolhas que ele oferece equivale a uma forma de suicídio. Afinal, ele está aborrecendo o seu consumidor.

Tudo indica, porém, que a combinação dos dados levantados pela IoT somados ao *antecipatory design* podem livrar as pessoas de muitas das decisões inúteis ou da infindável repetição de decisões.

Assim, depois que o cliente decide como quer seu café, basta chegar no balcão, mostrar seu celular ou inserir sua digital e o café será preparado dentro dos parâmetros habituais, sem que ele tenha de dizer tudo de novo. Simples assim. Claro que se ele decidir tomar de outro jeito, também vai ter esse poder.

Ser elegante em marketing significa colocar o consumidor no centro das decisões. Ao aliar harmonia e simplicidade, a elegância se traduz na possibilidade de oferecer ao seu cliente um produto ou serviço consistente e fácil de usar.

Mas a empresa só alcança esse nível de elegância quando consegue incorporar esse parâmetro em suas próprias rotinas.

Providências

Para ser elegante no mundo dos negócios:

1. **Exercite o desapego**. Seja racional, não acumule rituais inúteis. Seja crítico. Não é porque um processo sempre foi de uma determinada forma que ele não pode ser melhorado. Ao mesmo tempo, fique atento para não jogar o bebê fora junto com a água do banho. As coisas importantes, os traços distintivos da sua empresa, não podem ser descartados. Uma pizzaria que ficou famosa por ter forno à lenha não deve partir para o forno elétrico, mesmo que seja uma opção mais prática. Se fizer isso, vai decepcionar e perder seu cliente.
2. **Pratique o pragmatismo**. Seja assertivo, nunca demore para dar uma resposta (especialmente as negativas). É muito deselegante enrolar as pessoas. E isso custa tempo precioso na dinâmica de uma empresa. O ponto de partida de processos de parcerias, patrocínios ou de investimento deve ser o alinhamento da proposta com a realidade da empresa. Muitas vezes isso não é visto com clareza porque os envolvidos ficam mais fascinados com a simpatia que podem ter pelo projeto e deixam de observar as limitações da proposta. Se em uma primeira avaliação não houver sintonia em termos conceituais não adianta seguir com a negociação. Fazer pessoas e empresas (inclusive a sua) perderem tempo é um prejuízo irreparável e uma tremenda deselegância.
3. **Adote uma abordagem positiva**. Seja equilibrado. Enxergue o lado bom das situações, evite maximizar as leituras negativas. Gente que vive reclamando, que se sente injustiçada e que enxerga complô em qualquer situação geralmen-

te está infeliz, recalcada, complexada e adora envenenar o ambiente corporativo com fofocas. Exija posturas pessoais elegantes das pessoas. Respeito e gentileza no ambiente de trabalho sempre são transmitidos no resultado final.

4. **Reforce a importância de que todas as ações tenham começo, desenvolvimento e fim**. Nada é mais deselegante do que deixar projetos inacabados. Tudo o que começa tem de seguir em direção à sua conclusão. Simples assim.
5. **Tenha trabalho para facilitar a vida do seu cliente**. A facilidade que o usuário do seu produto ou serviço vai encontrar é proporcional ao trabalho que você terá nos bastidores. Pesquise, invista em inovação, observe as pessoas e, principalmente, observe o que não o satisfaz em seu produto.

Em gestão, ser elegante é um desafio que, uma vez cumprido, se traduz em eficiência. E por mais que este seja um conceito bem mais fácil de entender no mundo corporativo, é um objetivo que deve ser perseguido constantemente.

Então, vamos a ele, o segundo "E" do minimalismo.

CAPÍTULO 4

Eficiência

Apesar de algumas variações, pode-se dizer que eficiência significa atingir um determinado objetivo utilizando o mínimo de recursos. Como o tempo é um dos recursos mais escassos da nossa era, muitas vezes a avaliação de eficiência está intimamente ligada a ele.

A palavra tem origem latina e, em português, é sinônimo de eficácia. Ambas têm o mesmo significado, que é o de concluir uma determinada tarefa de forma definitiva. Há quem diga que a eficácia difere da eficiência porque o primeiro termo sugere a solução completa de um desafio, custe o que custar, enquanto a eficiência leva em conta o gasto de tempo e energia. Em inglês, *efficiency* é o rendimento de um processo e *efficacy* é eficácia ou eficiência como nós entendemos aqui. Talvez seja essa a raiz da distinção. Para quem insiste em diferenciar as duas palavras, a opção por privilegiar a eficiência se justifica pelo fato de que, no mundo dos negócios, considerar as variáveis de tempo e energia/investimento envolvidas em qualquer ação é amplamente desejável.

Eficiência no mundo da gestão significa otimizar talentos e resultados, extrair o melhor rendimento possível dos recursos. Em última análise, significa deixar seu cliente satisfeito e seu cofre cheio.

A busca por eficiência passa necessariamente pela pesquisa, pela inovação, pela evolução de métodos, materiais e mentalidades. Exige esforço e investimento, mas gera resultados palpáveis e efeitos intangíveis importantes. A eficiência invariavelmente leva à prosperidade.

A eficiência se expressa de formas diferentes dependendo da atividade empresarial. Em uma empresa de entregas, por exemplo, tem a ver com logística; em uma agência de publicidade, com retorno em vendas; em um salão de cabeleireiro, com satisfação da clientela e gestão de tempo dos profissionais. As formas de ser eficiente podem ter variáveis infinitas, mas, em seu âmago, a eficiência se apoia em pilares válidos em qualquer atividade: inteligência, fluidez e sustentabilidade.

Inteligência

A palavra inteligência é composta das palavras *intus*, que significa dentro, e *legere*, que significa ler, escolher ou recolher. Ou seja, significa a capacidade de "ler dentro", de perceber situações e articular soluções para os desafios que essas demandas apresentam.

Portanto, quando se fala de inteligência, fala-se de análise e criatividade, de percepção e de capacidade de realização.

Como a palavra "inteligência" é muito usada, as pessoas se esquecem de procurar seu significado intrínseco e acabam por subutilizar essa força.

Outro aspecto que as pessoas subestimam é que as soluções inteligentes têm prazo de validade. Deixam de valer quando o cenário muda. Por isso, o mais inteligente é não parar de questionar a realidade e de analisar o comportamento humano. A atitude inconformista sempre ajuda a inteligência a florescer.

Em 1965, Frederick Wallace Smith[11], aluno da Yale University, nos Estados Unidos, fez um trabalho de fim de curso em que des-

11. http://www.achievement.org/autodoc/page/smi0bio-1

crevia um sistema capaz de entregar rapidamente produtos como remédios, partes de computadores e equipamentos eletrônicos. O estudante argumentou em seu texto que as empresas pioneiras do setor de tecnologia da informação enfrentavam sérios desafios logísticos, que poderiam ser melhor superados se elas pudessem contar com entregas mais rápidas do que as realizadas pelos carregamentos realizados em rotas convencionais. A ideia e a argumentação não convenceram o professor, que deu a Smith uma nota mediana no trabalho.

Depois de concluir a faculdade, Fred Smith se alistou no Corpo de Fuzileiros Navais, os lendários Mariners, e foi enviado para lutar na guerra do Vietnã. Vindo de família rica, recém-saído de uma das melhores universidades dos Estados Unidos e com patente de tenente nos Mariners, Fred Smith recebeu no Vietnã o seguinte conselho de um sargento: "Você só tem que lembrar de três coisas: atire, mova-se e comunique-se". O conselho foi absorvido integralmente e ajudou-o não só a sobreviver por dois anos no Vietnã como também a ser bem sucedido no mundo dos negócios. Dá para ver claramente que a FedEx é uma empresa que estabelece um objetivo, move-se para alcançá-lo e não se esquece de comunicar o que faz.

Anos depois, em entrevistas à imprensa norte-americana, Fred Smith contou que, mesmo durante a guerra, não deixou seus planos de lado. Pelo contrário, prestava muita atenção nos processos militares de logística.

Smith voltou à vida civil e comprou o controle da Arkansas Aviation Sales (ele tinha dinheiro de família). Depois de comprovar a dificuldade de receber encomendas em um ou dois dias, o jovem ganhou ainda mais certeza de que sua ideia dos tempos de faculdade fazia sentido. Assim, em 1971, ele fundou a Federal Express Corporation em Little Rock, capital do estado de Arkansas. Mas o que tinha em mente era algo bem mais grandioso e, para chegar à fórmula certa, precisava de investidores. Passou dois anos buscando investimentos e conseguiu levantar US$ 80 milhões – valor bastante expressivo para a década em que o Cyborg custava "apenas" US$ 6 milhões. Sim, dava para fazer treze homens com visão, braço e pernas biônicos e ainda ficar com o troco. Fred Smith preferiu fazer um negócio que enxergasse mais longe, carregasse mais coisas e chegasse mais rápido a todos os lugares.

A escolha do nome da empresa já vinha carregada de intenções. A primordial era que, além de patriótica, a palavra "federal" trazia em si uma visão da atividade da empresa em termos de escala. Claramente, Smith mostrava sua intenção de atuar em todo o país. O que, de fato, veio a acontecer. Mas o nome Federal tinha mais uma motivação: provocar ressonância no Federal Reserve Bank, equivalente ao Banco Central norte-americano, que poderia ser o cliente-âncora perfeito para o projeto. O "xará" poderoso, porém, não se mobilizou. Mesmo assim, o nome continuou.

Justamente por sua intenção de atuar em escala nacional nos Estados Unidos, Smith mudou a sede da empresa para Memphis, Tennessee, que tinha uma localização geográfica mais central – e também era a sua terra natal. A primeira noite de atividade oficial da Federal Express foi em 17 de abril de 1973, quando 14 aviões de pequeno porte decolaram de Memphis para entregar 186 pacotes para 25 cidades dos Estados Unidos, entre Rochester, no estado de Nova York, e Miami, na Flórida. Nesse dia, a empresa tinha 389 funcionários.

Manter a ideia inovadora no ar foi outro desafio para a tenacidade de Smith. Embora a empresa rapidamente tenha se posicionado como a solução para transporte de alta prioridade, iniciando um novo segmento de negócios, a FedEx levou mais de dois anos para dar lucro. Na verdade, durante esses dois anos, a empresa perdeu US$ 27 milhões. A operação só saiu do vermelho em julho de 1975, mas ainda exigiu um bom tempo e hábeis negociações para que os empréstimos bancários fossem pagos. Ou seja, Smith só lucrou com a sua ideia mais de 10 anos depois de tê-la.

As décadas se passaram e a FedEx registrou, no ano fiscal de 2014, uma receita de US$ 45,6 bilhões[12], com mais de 325 mil funcionários espalhados em operações em mais de 220 países e uma marca que está entre as 100 de maior valor no planeta – além de ser considerada um exemplo de excelência em design. E mais: os 14 aviões de pequeno porte se tornaram a maior frota cargueira do planeta, com aeronaves como Boeing 777 e A-300.

Mas, no começo de tudo, o que havia mesmo era uma imensa obsessão de Smith por logística e eficiência. Desde a sua concepção, a Federal Express tinha como premissa atender seu cliente da forma mais confiável e ágil. O fundador decidiu que sua empresa estava no negócio da informação: origem, localização atual, hora prevista de chegada e preço eram tão importantes quanto os custos de transporte. A partir dessa decisão, toda a inteligência de logística foi desenvolvida.

Outro aspecto da inteligência do negócio foi concebê-lo para a era da tecnologia da informação. Fred Smith percebeu que a indústria de tecnologia precisaria de seus serviços de entrega tanto quanto ele necessitaria de dados precisos para que seu negócio conseguisse entregar sua proposta de valor.

Fred Smith demonstrou possuir inteligência no sentido mais puro do termo ao definir as bases para a gestão de pessoas na sua empresa. O empreendedor percebeu que o desafio de fazer as encomendas chegarem a todos os lugares na hora marcada exigiria a dedicação de cada pessoa envolvida no processo. Assim, ele criou mecanismos para que cada funcionário sentisse que era parte do sucesso da empresa. Para chegar a esse nível de motivação, era fundamental que os gestores de cada área tivessem a atitude certa de motivação e respeito pelos funcionários. Para garantir isso, os gestores são avaliados tanto por seus diretores quanto pelos funcionários que gerenciam. A ideia é que as relações entre os vários níveis hierár-

12. http://investors.fedex.com/company-overview/overview-of-company/default.aspx

quicos da empresa sejam as melhores possíveis. Fred Smith diz acreditar que tratar todos com justiça promove a lealdade à companhia e que isso sempre compensa. Essa premissa se provou verdadeira quando a principal concorrente da FedEx nos EUA, a UPS, entrou em greve e o trabalho duplicou. Os funcionários se voluntariaram para trabalhar horas a mais e conseguiram dar conta dos pedidos extras. Ganharam bônus pelo esforço, mas, se não houvesse esse tipo de lealdade, a promessa de bônus não seria suficiente.

No ano 2000 a empresa mudou de nome e de logotipo para melhor se adaptar à condição de empresa global, conquistada ao longo dos anos 1980 e 1990 por meio de uma série de aquisições. Tornou-se FedEx e resolveu comunicar isso ao mundo de forma bastante eloquente por meio de campanhas publicitárias e também pela força de Hollywood. No filme *O Náufrago* (cujo título original é *Cast Away*), dirigido por Robert Zemeckis, o ator Tom Hanks interpreta um funcionário da FedEx (já com o novo logotipo da empresa) que sobrevive a um acidente aéreo e passa a viver sozinho em um ilha. O filme foi um sucesso de bilheteria e trouxe não só uma enorme exposição para a marca como também explicitou vários princípios que a empresa adota em relação aos seus processos e ideais de confiabilidade, em uma das ações de marca mais inteligentes das últimas décadas.

Fluidez

No cotidiano, a FedEx busca constantemente superar os gargalos que impedem seus processos de fluir. Da solução de problemas prosaicos como nevoeiros ou nevascas que impedem a decolagem de aviões até o tráfego carregado das grandes cidades, a empresa tem sempre que fazer suas entregas a despeito das dificuldades.

Por isso, a importância da fluidez. Esse conceito no mundo dos negócios corresponde à agilidade e à facilidade na execução de processos e denota um estilo de gestão que catalisa a aniquilação de dificuldades.

Em um processo produtivo, tanto de produtos quanto de serviços, dissolver problemas sistematicamente é o que permite que os objetivos sejam alcançados. A FedEx se propõe estruturalmente a promover a fluidez na dinâmica de suas ações. No entanto, há empresas que não começaram com essa preocupação, mas que tiveram de desenvolver as habilidades de fluidez para garantir seu espaço no mercado.

Para a Coca-Cola, por exemplo, fluidez é fundamental. Pode até soar como um paradoxo, mas o fato é que transportar bebidas não é um processo fluido. Pelo contrário, é cheio de dificuldades, sendo que a maior delas é o peso dos líquidos.

Quando o farmacêutico John Pemberton inventou a Coca-Cola Company em Atlanta, nos Estados Unidos, no ano de 1886, ele tinha em mente fazer uma bebida refrescante que também fosse boa para o estômago. Então criou a receita original do xarope, que desde a sua concepção deveria ser diluído em água gasosa. Essa solução apresentava duas vantagens importantíssimas: preservaria o segredo da fórmula e facilitaria a distribuição do produto.

Pemberton morreu apenas dois anos depois de inventar sua obra-prima, mas a fórmula do xarope base, especialmente o "ingrediente x", permanece secreta até hoje e só é produzida pela matriz da empresa. Atualmente, a empresa produz mais de 38 bilhões de litros de xarope por ano, que são distribuídos para mais de 200 países. A Coca-Cola ocupou o posto de marca mais valorizada do planeta no ranking da Interbrand desde a sua criação, no ano 2000, até 2012. Em 2013, passou a ocupar o terceiro lugar, logo depois de Apple e Google.

A Coca-Cola se preocupa com fluidez em diversos níveis de sua operação. No sentido físico, a mecânica de diluir o xarope *made in USA* com água fez com que a fabricação do refrigerante e sua distribuição pudessem ocorrer planeta afora.

A estrutura se baseia na segmentação por área geográfica. Em cada região são escolhidos fabricantes que cuidam da diluição, gaseificação e embalagem do refrigerante. A distribuição também é feita localmente. Assim, a Coca-Cola garante sua presença em todas as formas de distribuição: de geladeiras automáticas a restaurantes de luxo, passando por supermercados e estabelecimentos de todos os tipos.

Mas existe a questão da fluidez mercadológica. Para que a marca supere qualquer resistência, a empresa busca trabalhar continuamente a sua imagem e foca especificamente no público mais jovem. A intenção é manter sempre a conexão com os mais novos para manter a jovialidade da marca e conquistar sua simpatia. Uma das estratégias recentes foi a campanha de colocar nomes e apelidos em suas latas. A brincadeira, que tirou partido do sentido de protagonismo das pessoas na internet, ganhou repercussão nas mídias sociais e conquistou a simpatia dos consumidores.

Para contornar as dificuldades geradas por quem critica o produto, acusando-o de não ser saudável, a empresa vem desenvolvendo ou adquirindo marcas de água mineral, água de coco, chás e sucos, em um esforço para aumentar o portfólio e conquistar os consumidores dessas categorias de produtos. Assim, a empresa tira partido da força de sua marca e rede de distribuição, e não perde participação de mercado para outros tipos de bebidas não alcóolicas. Hoje, a Coca-Cola Company possui mais de 400 marcas ativas no planeta.

Eliminar qualquer entrave em um processo corresponde à evolução em termos de fluidez. Por exemplo: uma empresa estava com um problema na linha de produção e algumas embalagens vinham vazias no fim do processo. O problema era saber quais. Os engenheiros pensaram em várias soluções, incluindo um raio X de alta potência. Enquanto discutiam e faziam orçamentos, o pessoal do chão da fábrica resolveu o caso: colocaram um ventilador ligado em velocidade máxima junto à esteira por onde vinham as caixas. As vazias voavam e tudo se resolveu rapidamente.

Ouvi essa história em uma palestra sobre criatividade, mas na verdade ela mostra claramente que a eficiência de uma empresa vem da agilidade com a qual os problemas são solucionados e que os novos caminhos só surgem se há um clima de liberdade e criatividade na empresa. Por isso, a eficiência tem uma íntima relação com a fluidez.

Sustentabilidade

Sustentabilidade é um dos conceitos mais repetidos na última década porque abrange duas ideias fundamentais para a sobrevivência: a autossuficiência da empresa, que pode lhe garantir a continuidade, e uso consciente dos recursos ambientais, que ajuda na preservação do planeta como um todo.

A questão do desenvolvimento sustentável, que tem ocupado lugar de destaque em qualquer discussão política, corporativa ou pessoal, está intimamente ligada à questão da eficiência. Sustentabilidade nada mais é do que a utilização eficiente dos recursos naturais com vistas à sua constante renovação. Aí está o "x" da questão: algo só é sustentável se é capaz de se renovar, e o processo de renovação só ocorre se há equilíbrio, se não há excesso. A eficiência é inimiga do excesso e do desperdício.

Para uma empresa, ser sustentável é ser capaz de repetir um processo indefinidamente sem degradar o ambiente e alcançando o mesmo resultado em termos de qualidade de produto e lucratividade.

Dito assim parece fácil. Não é. Há armadilhas em cada parte dessa definição, sendo que a maior delas, no que se refere à eficiência, está no termo "alcançando o mesmo resultado".

Por exemplo, pense em uma montadora de automóveis. Diante da baixa nas vendas, ela cria uma promoção em que reduz sua margem de lucro significativamente. O consumidor responde positivamente e a meta de vendas daquele mês é alcançada. No mês seguinte, lança mão do mesmo artifício e assim sucessivamente por anos. Até que chega o momento em que a redução inicial não surte efeito junto ao consumidor e um percentual de desconto mais agressivo é oferecido. Tudo isso para recomeçar um novo ciclo.

Esse modelo não é sustentável. Com a lucratividade em queda, a montadora terá de rever sua produção em termos de quantidade ou qualidade, ou seus custos, porque não será possível sustentar o processo contínuo de encolhimento de margens no longo prazo.

É por isso que a questão da sustentabilidade é tão crucial quando se fala em eficiência. Nem sempre uma solução que dá resultado é sustentável. Se der resultado – como as promoções de fim de semana no pátio da fábrica das montadoras – mas não for sustentável, então não será verdadeiramente eficiente.

O problema é que a miopia de certos gestores, geralmente focados em soluções de curto prazo, acaba sabotando a eficiência, porque os processos que geram ganhos de eficiência geralmente consomem recursos importantes, que podem ser físicos, como água, combustível e energia; motivacionais, provocando a exaustão da sua equipe, e imateriais, como o desgaste da sua imagem junto ao consumidor.

Outra razão para desconsiderar os elementos-chaves da eficiência (especialmente a sustentabilidade das estratégias) é ainda menos nobre: a busca por eficiência exige mensuração e muitas vezes as empresas não querem encarar seus próprios erros. Apesar de doloroso, enfrentar as próprias falhas ajuda muito. Já tentar ignorá-las equivale ao suicídio empresarial.

Para que as rotinas corporativas sejam eficientes:

1. **Nunca se acomode.** A eficiência é o resultado de uma equação que inclui os fatores tempo e qualidade. Conforme a tecnologia evolui, novos equipamentos podem alterar dramaticamente o desempenho dos processos de uma empresa. Por isso, é fundamental estar constantemente atualizado para manter seu índice de eficiência. Lembre-se: o eficiente de hoje não é o mesmo de ontem e certamente será diferente do de amanhã.
2. **Exercite a agilidade.** Repensar estratégias, alterar processos, rever rituais são atitudes que provocam interrupções no ritmo da empresa. Alguns gestores tentam evitá-las e justificam sua negativa argumentando que mexer nas rotinas impacta negativamente a produtividade. Isso até pode acontecer em um primeiro momento, mas se forem substi-

tuídos por estratégias, processos e rituais mais adequados às exigências do mercado, rapidamente a produtividade crescerá. Muitas vezes, esses choques são necessários para ajustar a empresa ao novo cenário macroeconômico ou às novas necessidades dos consumidores.

3. **Fique de olho no calendário.** A busca contínua por eficiência costuma ser um bom antídoto para os efeitos do tempo sobre as operações das empresas. O eficiente de hoje não é o eficiente de amanhã. No começo da década de 1990, ter vários aparelhos de fax para gerenciar pedidos era uma demonstração de eficiência e modernidade. No começo dos anos 2000, já era um método considerado absurdo, totalmente ultrapassado. Empresas que insistem em ignorar que eficiência é um conceito vivo e sempre mutável tendem a perecer.
4. **Ouça a sua equipe.** Ninguém melhor do que seus funcionários para contribuir com sugestões em prol da eficiência. Mas para que tenham espaço para demonstrar criatividade e comunicar as inovações que desenvolveram, é preciso que a empresa tenha um clima positivo, de respeito, valorização e reconhecimento dos méritos.
5. **Invista tempo e dinheiro na evolução da eficiência de sua produção.** Tenha certeza: se investir certo, os dividendos virão.

Na maior parte das vezes, empresas elegantes são também eficientes. A simplicidade, a harmonia e a originalidade exigidas pela elegância costumam se traduzir nos processos inteligentes, fluidos e sustentáveis que compõem a eficiência.

No que se refere à comunicação, a combinação de eficiência com elegância ganha um nome específico: eloquência.

CAPÍTULO 5

Eloquência

Ser eloquente significa expressar-se com precisão e charme, ou seja, o contrário de ser prolixo, que é aquele que fala demais e não diz nada.

O que é eloquente é ao mesmo tempo expressivo, convincente e econômico nas palavras. Nos dias de hoje, o indivíduo ou a empresa que desenvolve a capacidade de comunicar seus valores de forma interessante, charmosa e inteligente leva grande vantagem em relação aos concorrentes que cansam o receptor ao transmitir mensagens irrelevantes ou confusas.

Eloquência tem tanto a ver com o que é dito explicitamente quanto com o que é comunicado em subtexto, no que é percebido pelo consumidor. Al Ries, um dos criadores da teoria do posicionamento, em seu livro *A queda da propaganda: da mídia paga à mídia espontânea* (Ed. Campus), afirma que "Percepção é tudo. A única questão (para ser bem sucedido) é como criar uma percepção favorável na mente do consumidor"[13]. Essa é a conclusão a que o autor chega depois de analisar a estratégia adotada pelo

13. RIES, Al and Laura. *The fall of advertisement and the rise of PR*, Harper Business, p. 55.

CMO (Chief Marketing Officer) da General Motors nos Estados Unidos, Ronald Zarella, no período entre 1994 e 2001.

Segundo Ries, a indústria automobilística norte-americana sempre direcionou sua comunicação para que o produto fosse o protagonista. Por todo o século 20, o mantra era "produto é tudo". No entanto, quando foi contratado, Zarella desafiou essa ideia e afirmou que o futuro da empresa dependia tanto dos produtos quanto do marketing. A crença desse executivo, que até então havia atuado na Bausch-Lomb, era a de que a força da marca é que determinava o sucesso. E, para garantir que as marcas GM fossem *top of mind*, investiu grandes somas em publicidade. Seu plano parecia perfeito na teoria, mas a prática o desmentiu de forma cruel e Ries colocou os números em seu livro.

Em 1995, a GM foi a terceira maior anunciante dos Estados Unidos, gastando US$ 2,1 bilhões. Mesmo assim, naquele ano, sua participação de mercado encolheu de 34% para 33,9%. No ano seguinte, a gigante então investiu US$ 2,4 bilhões em publicidade e se tornou a segunda maior anunciante do mercado. Mas seu *market share* tomou a direção contrária e encolheu para 32,3%. A empresa reagiu investindo ainda mais pesado. Foram US$ 3,1 bilhões, o que lhe garantiu o título de maior anunciante dos Estados Unidos. Pena que os consumidores não deram bola. Em 1997, a participação de mercado da empresa diminuiu mais um pouquinho, para 32,1%.

A despeito dos resultados, a estratégia de colocar dinheiro na publicidade não mudou nada. Em 1998, 1999 e 2000, a GM se manteve como a maior anunciante da maior economia do planeta, com investimentos respectivamente de US$ 3 bilhões, US$ 4,1 bilhões e US$ 3 bilhões para ter como resultado participação de mercado cada vez menor, respectivamente de 30%, 29,6% e 28,1%.

Um milhão de razões podem explicar esse encolhimento e o fato de o consumidor ter se mantido refratário aos investimentos em propaganda da marca, mas a conclusão é sempre a mesma: a marca anunciou muito, mas foi pouco eloquente. Não conseguiu converter as mensagens que o consumidor certamente ouvia e via nos veículos de informação em preferência pela marca. **A onipresença virou ruído.**

Anunciar muito nem sempre é um problema. Tudo tem a ver com adequação, relevância e percepção. Em uma palavra: eloquência.

De 2002 até 2015, a rede varejista Casas Bahia foi consistentemente a maior anunciante do Brasil e, nesse período, assistiu seu *market share* crescer continuamente. Em 2013, detinha 26% do mercado varejista no Brasil; em 2014, já registrava 27,5%. Além do crescimento de sua fatia de mercado e da ampliação de sua liderança, a empresa vem registrando crescimento no faturamento e nos lucros. Em 2013, a receita bruta em vendas foi de R$ 24,9 bilhões, o que representa aumento de 11,5% em relação ao ano de 2012. Se só o quarto trimestre de 2013 for considerado, ele aponta crescimento de 252% em relação ao mesmo período do ano anterior[14].

O que torna a comunicação das Casas Bahia relevante é o fato de estar focada em mensagens com conteúdo pragmático. Boa parte da publicidade traz ofertas. Para o cliente da rede, o que importa é o preço e a possibilidade de parcelamento. Portanto, as mensagens com essas informações são pertinentes. Isso faz com que, embora frequentes, as mensagens não sejam vistas como ruído.

A eloquência de uma marca pode ser medida a partir de três vetores: verdade/transparência, pertinência e relacionamento, e cada um deles traz sua própria lista de exigências.

Verdade | Transparência

A primeira exigência do consumidor em relação a uma marca é que ela cumpra o que promete e não omita informações importantes. Se o produto tem limitações, o consumidor prefere conhe-

14. Release, link: http://www.viavarejo.com.br/imprensa/interna/lucro-liquido-da-via-varejo-cresce-quatro-vezes-e-atinge-r-1175-bilhaeo-em.

cê-las. Por exemplo, quando a Microsoft lançava versões beta do Windows, usuários do mundo todo participavam dos testes totalmente conscientes de que aquele software ainda tinha limitações e que estava em fase de aperfeiçoamento. O mesmo ocorre quando alguém se hospeda em um hotel ou resort recém-aberto, ainda em fase de *soft opening*, ou seja, ao ser informado disso, o cliente sabe que poderá deparar com funcionários que ainda não sabem como agir em todas as situações ou com algum inconveniente que ainda não tenha sido antecipado e solucionado pela gerência. Esse tipo de transparência não afasta o cliente, pelo contrário, tem o potencial de transformá-lo em parceiro da marca. O sucesso na relação com o consumidor depende da honestidade com que a marca lida com suas próprias limitações e das atitudes que toma para superá-las.

Há um caso célebre envolvendo a marca Tylenol. Em meados dos anos 1990, um lote defeituoso do analgésico foi distribuído para as farmácias norte-americanas. Ao tomar conhecimento do problema, o CEO da empresa mandou que todas as embalagens do produto fossem recolhidas. O caso teve grande repercussão. Toda ela positiva. O público entendeu que o fabricante estava priorizando a saúde das pessoas e que não queria correr o risco de prejudicar um consumidor sequer. A transparência da empresa foi valorizada pela opinião pública. Os clientes sabiam que a empresa tinha perdido dinheiro para não prejudicar as pessoas e retribuíram essa preocupação com a preferência pela marca.

Pertinência

Nada é mais irritante do que ser incomodado com informações inúteis para você. Cada vez mais, na comunicação, pertinência é tudo. Por exemplo, quando se cruza uma vizinha idosa no elevador e se pergunta educadamente "Tudo bem?", a resposta que se pretende ouvir é algo polido e distante, algo do tipo com "Sim, obrigada" ou, no máximo, "Esse tempo úmido que está atacando minha artrite". Ninguém quer detalhes sobre a opinião do médico, o resultado dos exames, o remédio que a pessoa está tomando e os efeitos colaterais que está causando. Entretanto, quando essa mesma pergunta é feita para sua avó, sua mãe ou sua tia, essas informações detalhadas passam a ser muito pertinentes.

Com as marcas é a mesma coisa. O discurso é considerado eloquente quando é pertinente, quando está dentro do rol de interesses do receptor. Quando não está, por mais eficiente que seja a mensagem, ele sempre será considerado prolixo, desnecessário e irritante.

Até a pessoa ter um bebê, qualquer informação sobre modelos de fraldas é absolutamente desnecessária. No entanto, basta um pequeno entrar na vida do cidadão que os detalhes sobre modelos, níveis de absorção e custo-benefício dos pacotes ganham relevância. Como agir diante desse tipo de disparidade quando se anuncia em veículos não especializados? Cada vez mais, as campanhas têm utilizado o humor para tornar palatáveis para todos mensagens que só interessam a um grupo pequeno. Por exemplo, ao mostrar de um modo engraçado bebês que não param quietos nem na hora de trocar a fralda e chamá-los de "tatu-bolinha", uma expressão bem brasileira, a marca de fraldas Huggies, que é internacional, conseguiu a simpatia da audiência que, embora nada interessada no problema das mães, achou o conteúdo da mensagem divertido. Com essa estratégia, a marca conseguiu criar um ponto de contato com um público que ainda não é o seu, mas pode vir a ser. E, nesse momento, entra em cena o terceiro pilar da eloquência: o relacionamento.

Relacionamento

Diálogo, integração social, troca de ideias e resolução de conflitos – tudo isso faz parte da construção de um relacionamento, seja ele de pessoas entre si ou com as marcas. As leis que regem relacionamentos interpessoais são as mesmas que funcionam para a relação entre as pessoas e as marcas. Essas regras determinam por que algumas marcas estão entre as preferidas daquele consumidor, outras lhe são indiferentes e algumas estão entre as que se busca evitar. Simpatia, indiferença e antipatia são elementos fundamentais nesse tipo de relacionamento.

Uma forma eficiente de garantir um relacionamento forte com seu público-alvo é ser sinceramente dedicado a ele. A marca de calçados e roupas californiana Vans é um exemplo desse tipo de relacionamento.

Criada por praticantes de surf e skate em 1966, a Vans sempre colocou as necessidades dos praticantes desses esportes em primeiro lugar. E mais: foi a primeira a fazer isso no setor de calçados. Até aquele ponto, nenhuma empresa havia enxergado potencial de mercado naquele grupo de gente jovem, meio desgrenhada e que não parecia nem um pouco ligada em ostentar marcas. Mas a Vans reconheceu ali um grupo que precisava de produtos específicos para fazer os esportes que amava e isso bastou. Desde o começo, o design dos produtos procura combinar aspectos funcionais para quem pratica skate – como o tipo de solado, apoio aos tornozelos e áreas anti-impacto – com a estética celebrada pela cultura skatista. A empresa continua a produzir modelos clássicos criados nos anos 1960 e 1970, que ainda estão entre os seus mais vendidos, como o Old Skool, de 1978.

Tradicionalmente, a empresa apoia vários campeonatos de surf e skate e desenvolveu um relacionamento sólido com os amantes desses esportes. Na virada dos anos 2000, a fabricante de artigos esportivos Nike decidiu também desenvolver um relacionamento com os praticantes de esportes radicais e passou a patrocinar alguns eventos. Entre 2009 e 2012, a marca patrocinou o icônico campeonato US Open, em Huntington Beach, Califórnia, e depois se retirou do evento afirmando que seus objetivos já haviam sido alcançados[15].

15. http://www.surfermag.com/features/nike-and-hurley-pull-sponsorship-of-us-open/#wgRiuZbuIPpSIMca.97

Para os praticantes de surf e skate, as atitudes das duas marcas são bastante eloquentes e condicionam o tipo de relacionamento que eles têm com uma e outra. Pesquisas realizadas por especialistas em marketing concordam com o que se ouve dos consumidores: a Vans é considerada honesta, autêntica e respeitosa. Já a Nike teve a sua iniciativa de patrocinar o campeonato de Huntington Beach avaliada pelos consumidores como oportunista. Eles sabiam que a marca queria se aproximar deles, mas também tinham consciência de que essa era uma atitude calculista, já que a empresa não tinha uma história ligada ao surf e ao skate. Esse tipo de percepção tem a ver com a capacidade das marcas de construir relacionamentos com os consumidores, o que não se faz apenas com produtos e sim com um conjunto de posturas que se revelam nas interações com o público e que repercutem na memória afetiva do consumidor.

Entender X Compreender

A eloquência é o que faz as pessoas compreenderem a marca. E compreender é muito diferente de entender. Entender é racional e muitas vezes superficial; já compreender envolve os dois lados do cérebro. Começa com a intelecção racional, mas se desenvolve incluindo aspectos subjetivos e emocionais que vão muito além do racional. Compreender tem a ver com a experiência, com a marca e com as expectativas do consumidor em relação a ela.

Vejamos, por exemplo, a marca de cosméticos brasileiros Natura. Desde que surgiu, a Natura vem se posicionando como uma empresa que respeita a diversidade e valoriza a natureza. Assim, quando lançou a linha Ekos, que utiliza matéria-prima da flora amazônica brasileira, fez um grande esforço de comunicação para que a sua intenção fosse bem compreendida por suas consumidoras e pela sociedade.

O entendimento sobre a linha era simples: uma marca brasileira que utiliza matérias-primas nacionais. Mas a compreensão exigia mais: era fundamental que as pessoas entendessem que a escolha dos produtos partia da sabedoria popular das regiões de onde as plantas eram nativas. Havia as mais conhecidas, como castanha-do-pará, cacau, pitanga e açaí, e também nomes jamais ouvidos fora das regiões produtoras como breu branco, buriti, andiroba e priprioca.

Então a empresa se esforçou no sentido de fazer com que seu público-alvo aprendesse sobre as propriedades dessas plantas e que se aliasse à empresa no esforço de gerar formas sustentáveis de exploração dos biomas brasileiros. A comunicação para a consumidora visava mostrar que, ao usar o produto, ela ficaria mais bonita e manteria a beleza da natureza brasileira a salvo da depredação.

A mensagem era clara: se a floresta produzir e as pessoas ganharem seu sustento com ela, vão preservá-la e garantir a continuidade da biodiversidade. Como tem atuação nacional, a fabricante de cosméticos se preocupou em utilizar matérias-primas de todos os biomas brasileiros.

Tudo isso se passa no lado racional do cérebro, mas quando esses conceitos são a inspiração para lindos filmes publicitários em que sons da floresta se misturam a uma fotografia primorosa e a imagens de pessoas que vivem nesses biomas, a consumidora desenvolve uma relação subjetiva, afetiva pela marca. Isso é ser eloquente.

A Natura já havia provado sua capacidade de envolver seu público-alvo quase uma década antes, quando lançou a campanha Mulheres Bonitas de Verdade. Criada pelo publicitário Ricardo Lordes[16], a campanha tinha como objetivo mostrar que a idade é uma conquista e, portanto, que os sinais da passagem dos anos não deveriam abalar a autoconfiança feminina. A campanha não escondia que as mulheres apresentavam sinais da idade nem omi-

16. LORDES, Ricardo.Olhar Feminino – *A publicidade que as mulheres querem ver*, Matrix, 2012.

tia que elas preferiam atenuá-los – a comunicação era eloquente e trazia a conciliação entre o real e o paradoxal. A vida traz rugas – isso é real – mas, embora cada mulher valorize sua história e suas conquistas e tenha orgulho do tempo que viveu, ela não quer as marcas dessa passagem das décadas no rosto – esse é o paradoxo. Nesse caso, as rugas não são troféus. Então, não tem problema algum usar um produto que as atenua. Nesse caso, a vitória é sentir-se o mais bela possível dentro de sua faixa etária.

As mulheres compreenderam isso. E a linha Chronos da Natura ganhou mercado mesmo diante de um concorrente de peso: a multinacional Avon, que tinha lançado o produto antissinais Renew, comercializado em escala global.

A inteligência de comunicação da Natura fez com que sua clientela desenvolvesse uma relação afetiva com a marca. Para mulheres de todas as partes do Brasil e de todas as classes sociais, a marca assumiu o papel daquela amiga inteligente e bem informada, que sempre tem um efeito positivo sobre sua autoestima.

Alcançar esse nível de eloquência é o sonho de toda empresa. Porém, se existe a relação de compreensão entre o consumidor e a marca – um bônus que todo gestor de marketing deseja – há também o ônus de manter a coerência e a relevância em todas as suas ações.

Assim, a cada novo movimento, a empresa tem de ser capaz de surpreender positivamente em termos materiais, lançando produtos de melhor desempenho, enquanto cuida para não abalar a imagem que já possui junto a seu público. Por isso, quando lançou a linha Ekos, a empresa falou em sustentabilidade e inovação em biotecnologia antes mesmo de falar de beleza.

Uma pessoa pode entender que um produto é de uma determinada marca, mas, se ela não for eloquente, esse entendimento não se traduzirá em diálogo, preferência ou fidelidade. O relacionamento entre consumidor e marca só floresce quando existe compreensão, quando as atitudes da marca carregam consigo o que ela determinou como sua visão, missão e valores e que o consumidor *compreende* sem ter de ir até o site da empresa e ler os enunciados que traduzem esses pontos.

Pergunte a qualquer consumidora de Natura e ela lhe dirá quais são os diferenciais da marca, o que ela tem como objetivos (visão), como ela atua (missão) e em que ela acredita (valores).

Por exemplo: a Natura prega respeito à natureza e às pessoas. Por isso, quando lança uma nova linha é importante que ela diga que seu lançamento está alinhado com esses valores e mostre que compra matérias-primas em operações sustentáveis, pagando um preço justo por elas.

No caso de Natura, esse tipo de investimento em esclarecimento tem pertinência, porque faz parte do tipo de relacionamento que a marca cultiva com sua clientela.

Os pilares da eloquência (verdade/transparência, pertinência e relacionamento) devem ser administrados com cuidado e sabedoria. Às vezes, uma ação mais agressiva pode trazer resultados negativos. Ou resultados positivos onde menos se espera.

Outro movimento eloquente da Natura foi a abertura de uma loja em um endereço nobre de Paris. Esse movimento de internacionalização realizado em 2005 não obteve um resultado comercial impressionante. A loja vende, mas seu faturamento direto não justificaria o investimento. No entanto, para a consumidora da Natura, saber que a marca que ela usa está presente na capital mundial da moda e da indústria cosmética, tem imenso valor. Nesse sentido, o efeito da loja em Paris acabou se refletindo em alta nas vendas no Brasil.

Considerado a bíblia dos negócios de moda e beleza nos Estados Unidos, o site Women's Wear Daily apura e divulga o ranking das empresas mais poderosas do setor de cosméticos no mundo[17]. A Natura, que tem presença internacional discreta e foi fundada em 1991, apareceu em 14º lugar no ranking de 2015. Na liderança

17. https://peruandoporai.wordpress.com/2011/08/23/as-100-maiores-empresas-de-cosmeticos-do-mundo/

do mesmo ranking estão: L'Oreal (França), Procter & Gamble (EUA), Unilever (Reino Unido/Holanda), Estée Lauder (EUA), Shiseido (Japão) e Avon (EUA), pela ordem, nas seis primeiras posições. Vale notar que, no mercado brasileiro, a Natura é maior do que a Avon. Em um mercado como o de cosméticos, que se caracteriza por uma relação de grande intimidade entre consumidora e marca, a comunicação tem papel preponderante, porque a percepção da consumidora é o que a torna fiel e até mesmo uma advogada da marca.

Eloquência é uma das características mais importantes que uma marca pode ter e tanto pode associar uma missão preservacionista a uma marca de cosméticos quanto um toque sexy a uma fabricante de hardware.

A maçã mordida da Apple é simples e eloquente porque expressa as verdades da empresa em muitos níveis. Ao mesmo tempo em que assume um tom bíblico ao se referir ao fruto proibido que é o conhecimento, também é provocativa (no sentido bíblico) e sexy. Fala de eficiência, constância e vitalidade ao invocar o ditado popular nos Estados Unidos de que "an apple a day keeps the doctor away", ou seja, uma maçã por dia mantém o médico à distância. Quando surgiu, havia ainda mais um aspecto que a marca buscava demonstrar: que era acessível. Do mesmo modo que a fruta pode ser encontrada em todos os lares, o computador também teria seu espaço em todos os lares. Essa ideia era considerada maluca por muitos, mas o fato é que a marca expressava tudo isso. Quando o Macintosh foi lançado, em 1984, a escolha do nome do computador também foi eloquente, porque mostrava que era algo especial dentro do mundo Apple, já que Macintosh é uma variedade de maçã bem conhecida nos Estados Unidos.

Hoje, ser eloquente é mais difícil e mais fácil do que nunca. A dificuldade está na cacofonia de mensagens de marca que atingem o consumidor todos os dias, nas mais diversas mídias. Com tanta gente falando, as pessoas se desligam e tudo só vira ruído. Mas também ficou mais fácil, porque o desenvolvimento das análises de comportamento e interesses dos consumidores ganhou musculatura com o avanço da era digital. Antes, essas preferências eram aferidas por meio de pesquisas e muitas vezes o que a pessoa respondia na maior boa vontade não correspondia à sua atitude real. Não é que as pessoas mentissem conscientemente, elas simplesmente esqueciam como agiam na realidade. Hoje, os algoritmos mostram as pegadas digitais das pessoas e suas atitudes, as escolhas de assuntos e o tempo em que ficam em cada página e isso ajuda as empresas a entender como pensam e orienta sua comunicação para que ela seja relevante. Esse conjunto de dados estatísticos obtidos pela internet é chamado de *big data* e certamente será cada vez mais importante no processo de comunicação das marcas.

A era digital também vem mudando os hábitos das pessoas e até a sua relação com as marcas. Hoje, o consumidor vê a atitude de seguir um site ou uma página em uma rede social como uma forma de prestigiar o conteúdo que está ali. E, mais do que isso, ele tem consciência do valor que existe no simples fato de a marca ou o site saberem quem ele é e como se comporta. Os consumidores sabem que serão atingidos por mensagens voltadas a pessoas com seu estilo de comportamento.

Geralmente as mensagens são relevantes, mas também podem cair no excesso. Por exemplo: um amigo está em sua casa e diz que quer comprar um sofá novo. Curiosos sobre preços e modelos, vocês consultam algumas lojas em seu computador – afinal, a tela é maior e o teclado é mais confortável do que no celular dele. Depois de alguns minutos pesquisando, vocês mudam de interesse. Porém, aquela pesquisa fica na nuvem e, por todo um mês, o dono do computador receberá ofertas de sofás. Esse é um dos efeitos colaterais do *big data*, mas, no geral, esse tipo de comunicação ajuda empresas anunciantes e consumidores, que cada vez mais querem se sentir protagonistas em suas relações com as empresas. Na verdade, protagonismo e empoderamento são conceitos bastante eloquentes no discurso das marcas com seu público-alvo.

Em 2012, a Coca-Cola fez um movimento interessante. Naquele ponto, a marca desejava transmitir aos seus consumidores que entendia seu desejo de protagonismo. Assim, criou uma campanha em que colocava nomes de pessoas nas latinhas. O público respondeu rapidamente e as latinhas com nome viraram uma febre. A promoção foi tão bem sucedida que ganhou uma segunda edição. Em nenhum momento a maior fabricante de refrigerantes do planeta teve de explicar sua intenção. O nome na lata tinha força e foi compreendido imediatamente. As pessoas entenderam que a Coca-Cola estava dizendo "Olha, eu sei que você é a estrela do seu show, eu reconheço isso". No caso do mercado norte-americano, a estratégia também brincava com a expressão *something has my name on it*, o que significa que se alguma coisa tem o seu nome escrito nela, é sua – algo bem poderoso em termos subliminares. A estratégia de marketing transmitiu a mensagem da empresa usando bem poucas palavras. Eloquência é isso aí!

Para desenvolver a eloquência da sua marca, observe:

1. **Coerência**. Pergunte-se sempre: o que minha marca diz corresponde ao que faz? Os consumidores sabem muito bem quando o discurso de uma marca é verdadeiro. Os skatistas parecem desligados, mas sabem perfeitamente que marca está com eles, criando produtos para atender às suas necessidades desde muito antes de serem considerados um público-alvo desejável.
2. **Criatividade.** Capriche na sua comunicação para que ela respeite a inteligência do público. Sua mensagem tem que trazer muito significado em poucas palavras, o que é muito difícil. Por isso, não economize na hora de contratar bons criativos.
3. **Empatia.** A marca tem de se colocar no lugar da pessoa que vai ouvir a mensagem para conquistar sua aprovação e simpatia. Se fizer isso, vai evitar soltar mensagens chatas, preconceituosas ou inconvenientes.
4. **Bom-humor.** Nada é mais eloquente do que inspirar um sorriso. Mas, para isso, é preciso saber como encantar as

pessoas. Na comunicação publicitária é preciso ser engraçado sem jamais recorrer a expedientes que os humoristas utilizam com frequência, como atropelar o politicamente correto. Nem sempre é possível contar com a benevolência de quem ouve.

5. **Detalhes.** Lembre-se sempre: tudo comunica. Não é só um anúncio ou um filme que fala sobre a sua marca. Tudo fala. O logotipo, o produto, a embalagem, o cheiro das lojas. Em cada um dos pontos de contato é preciso ser eloquente. A rede varejista de roupas Zara, por exemplo, não investe em publicidade, mas busca mostrar sua preocupação pelo cliente em detalhes de sua operação. Por exemplo, nas etiquetas, o tamanho da roupa é escrito em letras bem grandes para facilitar a vida dos consumidores de mais de 40 anos que têm dificuldade de leitura. Isso é eloquente.

A combinação de elegância, eficiência e eloquência costuma levar ao quarto "E", o êxito.

CAPÍTULO 6

Êxito

Dizem que "No fim, tudo dá certo. E se ainda não deu, é porque ainda não é o fim". O quarto E do minimalismo, êxito, tem tudo a ver com essa afirmação.

Na língua portuguesa, palavra êxito é sinônimo de sucesso, mas tem a mesma raiz latina, *exitus*, da palavra *exit*, que em inglês quer dizer saída. Na verdade, os dois significados são complementares e trazem uma mensagem clara: você só tem sucesso quando alcança um resultado, ou seja, quando termina alguma coisa e pode sair daquele projeto. É uma lição que vale para a vida. Mas, para os negócios, essa lição da palavra êxito é ainda mais eloquente.

Resultado financeiro, reputação e desejo de marca são os elementos que determinam o êxito no mundo do marketing e da gestão.

Lucro e *brand equity* traduzem a medida do sucesso de uma empresa em um determinado período de tempo – que pode ser um ano fiscal, um quinquênio ou uma década – e anunciam ao mesmo tempo o fim de um ciclo e o começo de uma nova fase.

É nesse contexto que vemos o significado de êxito em sua forma mais clara: algo deu certo porque chegou ao seu fim – e, nesse caso, a palavra fim é usada tanto no sentido de término quanto de objetivo.

Em qualquer situação, algo inacabado é sinônimo de fracasso. A desistência é um dos sinais de fraqueza mais óbvios e, por isso, não há cultura que valorize esse tipo de atitude.

Na verdade, a desistência só é aceita quando fica claro que o projeto abandonado seria um fracasso se fosse mantido tal qual concebido. Isso não significa que o desafio tenha sido resolvido, só que a solução encontrada poderia se tornar um problema ainda maior. Por exemplo, diante da necessidade de produzir energia, um determinado governo decide fazer uma usina hidrelétrica que, para ser construída, exigiria a desocupação de várias cidades para a formação de uma represa. O projeto é iniciado, mas acaba sendo suspenso por causa dos custos financeiros e sociais. A desistência é justificável, só que o problema (a necessidade de geração de energia) persiste. Uma solução poderia ser a instalação de um campo de produção de energia eólica. Em uma situação como essa, obter êxito significa encontrar a melhor saída.

Embora seja sinônimo de sucesso, o êxito tem uma aura mais ligada às realizações objetivas, à conquista de metas claras. A palavra "sucesso" costuma gerar uma impressão festiva, vem com tapete vermelho e holofotes. Já o êxito aponta para resultados, para vitórias concretas e para a responsabilidade que os bons resultados geram. Parafraseando Saint-Exupéry, "a empresa se torna eternamente responsável pelo êxito que obtém". Ações ou campanhas bem recebidas geram expectativas no consumidor e a empresa precisa estar preparada para isso.

O êxito não é apenas uma linha de chegada. É, principalmente, um ponto de partida privilegiado, por contar com a energia e o *momentum* de ter atingido objetivos no ciclo anterior e assim seguir adiante para novas conquistas. Esse tipo de impulso positivo é muito bem compreendido nos esportes. Um time que vem de uma série de vitórias entra em campo com mais confiança e é capaz de estabelecer seu ritmo de jogo logo nos primeiros minutos. O interessante é que a força do êxito está justamente em combinar resultados reais e mensuráveis – como o placar de uma partida – com aspectos psicológicos e subjetivos que se traduzem em mais autoconfiança e poder de persuasão.

Por isso, uma empresa que deseja ser minimalista, moderna e sustentável não pode jamais desperdiçar a energia produzida por seus sucessos anteriores. Ela tem de aproveitar esse impulso para direcionar seus esforços no sentido de otimizar suas possibilidades de sucesso. Em um mundo em que a velocidade das mudanças tecnológicas e comportamentais é crescente, torna-se fundamental aproveitar qualquer impulso que possa levar à evolução. Desperdício de energia ou estagnação são, cada vez mais, sinônimos de prejuízo.

Já o movimento positivo gerado pelo êxito de uma empresa pode ser medido a partir de três vetores: resultado financeiro, reputação e desejo de marca. Vale a pena analisar cada um em detalhe.

Resultado financeiro

Para a maioria das pessoas, quando se pensa em resultado financeiro vem à mente a palavra lucro. São cinco letras que fascinam e fazem com que as pessoas entrem em um transe muito parecido com o do Tio Patinhas: cifrões saltam dos olhos e a ideia de montanhas de notas e moedas é suficiente para provocar êxtase.

Mas, afinal, o que é o lucro? A teoria econômica neoclássica afirma que lucro é o resultado da diferença entre a receita e os custos. Simples assim: se a receita foi 10 e o custo foi 6, o lucro é 4. Só que na sociedade de consumo, da informação e da vida digital em que vivemos, nem tudo é o que parece.

Embriagadas pela ideia de lucro, as pessoas tendem a responder simplesmente que uma empresa é feita para dar lucro. De fato, dar lucro é um dos objetivos, mas não é o único.

Uma empresa existe para atender ao seu propósito, cumprir o seu papel na sociedade. O foco de um jornal é informar, o de um hospital é curar, o de um banco é guardar, administrar e emprestar dinheiro. Todos têm melhores chances de realizar suas respectivas missões se derem lucro, porque ter dinheiro é uma forma de garantir que seus propósitos sejam atingidos com mais facilidade e que investimentos possam ser feitos para que as empresas se perpetuem.

Para maximizar os lucros e garantir rendimentos polpudos para seus acionistas, algumas empresas negligenciam os investimentos em inovação, treinamento, equipamento, desenvolvimento de marca e assim colocam a galinha dos ovos de ouro em uma dieta de fome. Primeiro os ovos vão ficando menores até que cessam e, por fim, a galinha morre. É, portanto, necessário investir em milho de qualidade para obter rentabilidade no fim.

É por isso que, para medir o êxito, é preciso considerar, além da geração imediata de dinheiro novo (o lucro), o ritmo de crescimento da empresa. O crescimento pode ser horizontal ou vertical – tudo vai depender da estratégia da empresa – o importante é que exista. Caso contrário é sinal de que não há lucratividade, de que a empresa está estagnada em termos de inovação, ou a distribuição de lucros está acima do que seria saudável para a empresa. Ou tudo isso junto.

A Kodak é um exemplo dramático do quanto a visão simplista do sucesso pode condenar uma empresa. Nos anos 1990, com o foco nos lucros que obtinha com a venda de filmes para câmeras e de produtos químicos para revelação, a empresa engavetou o projeto pioneiro de uma câmera digital desenvolvido em seus próprios laboratórios. Na virada do milênio, com a rápida propagação da tecnologia digital em câmeras, a Kodak já estava condenada.

A empresa se perdeu por uma série de motivos, mas é possível resumir todos em um só: ao pensar apenas no próprio lucro ela traiu o seu propósito original, que era ajudar as pessoas a registrar seus momentos felizes com qualidade e de forma acessível. O projeto Instamatic, que era de uma câmera fácil de usar e que tornou a marca Kodak uma das mais fortes e valorizadas do mundo entre os anos 1960 e 1990, era fiel a esse propósito que, aliás, surgiu junto com a companhia.

Em 1878, George Eastman[18] descobriu uma forma de fazer placas secas para registros fotográficos – até então, as placas eram gelatinosas. As placas secas descomplicavam o processo de fotografar e revelar. Em 1879, ele desenvolveu uma máquina capaz de produzir placas secas em série. Em 1881, Eastman largou seu emprego como bancário para se dedicar integralmente ao novo negócio. Ele continuou aperfeiçoando os instrumentos para captar imagens e em 1885, sete anos depois, ele inventou o rolo de filme fotográfico, uma invenção que dominou o mercado por 100 anos.

Mas isso só aconteceu porque Eastman soube lidar com o êxito. Em 1886, contratou uma equipe de cientistas para ajudá-lo no desenvolvimento de produtos. Essa foi a "saída" que ele encontrou para sustentar o propósito de sua empresa. É preciso investir (e inicialmente reduzir a lucratividade) para garantir a rentabilidade futura. Uma visão tão elegante quanto eficiente.

Dois anos depois, em 1888, ele anunciou a primeira câmera automática com o slogan "Você aperta o botão – nós fazemos o resto" – produto elegante, comercialização eficiente e campanha eloquente levaram a empresa ao êxito e Eastman soube bem o que fazer com ele: inventou a câmera e o filme que poderiam ser recarregados à luz do dia, sem a necessidade de uma câmera escura. Em 1895, lançou a primeira câmera de bolso. E, antes da virada do século, já havia expandido sua operação para Inglaterra e França em um movimento que tornaria a Kodak uma das primeiras marcas presentes em todo o planeta.

Sempre atento, um ano depois da descoberta dos raios X, desenvolveu filmes para os novos aparelhos de diagnóstico. Na verdade, desenvolver filmes era o motor de expansão da companhia. Eastman-Kodak também era a marca para filmes de cine-

18. http://www.kodak.com/ek/US/en/Our_Company/History_of_Kodak/Milestones.htm

ma, vídeos caseiros (tipo super-8) e slides. O desejo de tornar a experiência de registrar os momentos importantes cada vez mais acessível levou a empresa a promover uma verdadeira revolução em termos de fotografia doméstica com o lançamento das câmeras Instamatic. Entre 1963 e 1970, 50 milhões foram produzidas e colocaram a empresa no topo do mundo.

Fiel à ideia de sempre investir em inovação, em 1975 a empresa fez o primeiro protótipo de câmera digital. Foi quando a Kodak perdeu o rumo. Não soube administrar o êxito de seus cientistas e adotou uma postura míope que determinaria o seu fim em pouco mais de duas décadas: engavetou o projeto. Saída errada, embora parecesse a mais correta para os acionistas. Afinal, a empresa estava lucrando como nunca. Em 1976, 85% das câmeras e 90% do filme fotográfico vendidos nos Estados Unidos eram Kodak.

O argumento do departamento de vendas venceu o do desenvolvimento de produto e a câmera digital foi mantida na gaveta até ser tarde demais para a própria marca, que ficou para sempre associada ao mundo da fotografia analógica.

Em 2011, a empresa pediu falência.

Fácil ver que falta de foco e miopia organizacional são capazes de destruir uma empresa. Êxito não é só sucesso. É sair em busca de novos objetivos.

Em um artigo[19] publicado em 2012 na revista *Advertising Age*, o papa do *branding*, Al Ries, chamou atenção para o fato de que, em 1996, apenas 15 anos antes de entrar com pedido de falência, a Kodak era a quarta marca mais valiosa do planeta – atrás apenas de Disney, Coca-Cola e McDonald's. Em 2012, segundo Ries, a Kodak detinha 7% de participação do mercado de câmeras – 25 anos antes, em 1976, eram 85%.

Na visão de Ries, o problema não foi falta de investimento em tecnologia digital – a empresa de fato investiu e patenteou diver-

19. http://adage.com/article/al-ries/marketing-myth-busting-kodak-digital/232226/

sos avanços – e sim falta de visão em um mercado que estava em rápida mudança. Ries defende que a visão do consumidor em relação à marca era associada à fotografia tradicional e não à digital. Segundo o inventor da teoria do posicionamento, o erro foi de *branding*. Isso nos leva a outro elemento do êxito:

Desejo de marca

Quando se completa uma jornada e se chega ao seu fim de forma bem sucedida, o natural é querer continuar junto daquele vencedor. Por isso, a capacidade de uma empresa de gerar desejo por sua marca é uma parte tão importante do êxito.

A edição 2014 do ranking de marcas globais da Interbrand mostra claramente que o "gostinho de quero mais" é uma constante na estratégia das maiores marcas do mundo. No topo do ranking está a Apple, que, além de estar sempre na vanguarda, cria produtos de tal forma elegantes, eficientes e eloquentes que vicia os consumidores em seus lançamentos. O desejo por itens da marca é alimentado constantemente.

Aliás, vale notar que das 15 maiores marcas globais apenas três não estão diretamente ligadas à tecnologia: Coca-Cola (3º lugar), McDonald's (9º) e Disney (13º). As outras são, pela ordem: Google (2º), IBM(4º), Microsoft (5º), GE (6º), Samsung (7º), Toyota (8º), Mercedes Benz (10º), BMW (11º), Intel (12º), Cisco (14º) e Amazon (15º).

Em todos os casos, o desejo pela marca ocorre por conta da combinação entre passado e futuro. Ou seja, pela experiência do consumidor com produtos elegantes, eficientes e eloquentes que se projeta em expectativa para mais produtos surpreendentes.

As exceções são justamente as marcas ligadas à alimentação: Coca-Cola e McDonald's, que se beneficiam de uma base de clientes fiéis e que, além de mantê-los satisfeitos, também vêm ajustando suas ofertas para atender às mudanças nos conceitos de alimentação saudável. Em 2004, por exemplo, o McDonald's teve de encontrar uma saída para as acusações de que sua onipresença na dieta das pessoas estaria provocando obesidade em vários perfis de consumidores, sendo que nas crianças isso era imperdoável e muito negativo para a imagem da marca. Ou seja, ser um sucesso de vendas estava provocando sua ruína em termos de reputação. A solução encontrada pelo departamento de marketing da empresa, que na época estava sob a responsabilidade de Larry Light, foi justamente incluir no cardápio mundial da rede opções mais saudáveis como saladas, carnes grelhadas e frutas. Em termos de vendas essas opções nunca desempenharam um papel relevante, mas, uma década depois de sua introdução, ainda se mostram eficientes defensoras da rede perante os militantes por melhorias na dieta das pessoas em escala global.

A Coca-Cola também passou pelo mesmo tipo de patrulhamento. Assim, além de trabalhar no desenvolvimento de suas versões de baixas calorias em relação à marca, como companhia passou a investir em bebidas consideradas mais saudáveis, como águas, chás e sucos.

Uma marca que vem consistentemente trabalhando por se manter desejável é a Disney. Lançamentos contínuos, encantamento de pessoas de várias gerações e padrão de qualidade em produtos e serviços têm mantido a marca no topo do mundo, ainda mais desejada, amada e seguida por espectadores e consumidores do que nos tempos em que Walt Disney mostrou ao mundo que sonhos podem se tornar realidade se você desejar muito. O que nos leva a outro elemento importante do êxito: a reputação de uma marca.

Reputação da marca

Desejo de marca e reputação soam parecidos, mas representam conceitos muito diferentes. Uma marca pode ser altamente desejável para o seu público, mas não ser conhecida como uma empresa segura para acionistas, para a mídia ou para o governo.

A Walt Disney Company sempre gozou de excelente reputação. Em 27 de março de 1952, a empresa anunciou sua intenção de construir um parque de diversões, mas foi apenas em julho do ano seguinte que começou a selecionar o local. A cidade de Anaheim foi escolhida em outubro do mesmo ano e, desde sempre, as autoridades deram todo apoio à empresa. Mas Disney ainda precisava de dinheiro. Então, fez um acordo com a rede de TV ABC: ele produziria um programa de TV com seus personagens em troca de dinheiro para construir o parque. Esse acordo é uma clara prova do prestígio do desenhista como criador e de sua reputação como empresário.

Essa trajetória foi construída por meio de uma série de ações que combinavam elegância, eficiência e eloquência, e por uma coleção de êxitos enquanto artista. Algumas de suas diretrizes para a construção do primeiro parque também demonstraram claramente a consistência de sua visão de empresário. Por exemplo, antes de projetar a Disneyland, ele mandou funcionários da empresa visitarem parques de diversão em várias partes dos Estados Unidos. A intenção não era copiar o que estava dando certo ali, e sim trazer uma leitura crítica dos erros que cometiam, para que eles pudessem ser evitados na Disneyland. Essa é uma demonstração clara de elegância no sentido de que a empresa se deu ao trabalho de pesquisar e desenvolver um parque que tornava a vida do cliente mais fácil e que se desdobra em eficiência na operação e em eloquência para a marca que buscava o êxito em outro setor.

A própria construção do parque é um exemplo de eficiência. A obra começou em 21 de julho de 1954 e a abertura oficial ocorreu em 17 de julho de 1955, com transmissão ao vivo pela rede de TV ABC para 90 milhões de telespectadores. Um detalhe interessante foi que dias antes da inauguração oficial, no dia 13 julho de 1955, o casal Walt e Lilian Disney celebraram seus 30 anos de casados com uma festa em Disneyland, o que demonstra que o parque já estava pronto dias antes da inauguração e que Disney tinha plena confiança de que sua empresa conseguiria entregar a obra dentro de um cronograma que havia sido considerado fantasioso por muita gente.

O sucesso do parque foi imediato. Só que Walt Disney não relaxou e transformou esse sucesso em êxito usando-o como plataforma de lançamento para um novo projeto ainda mais audacioso. No começo dos anos 1960, o "Florida Project" começou a ganhar forma.

Mas, para construir o parque de seus sonhos, Disney precisou usar sua reputação como alavanca para convencer o governo da Flórida de que a empresa precisava de autonomia e dos poderes de uma cidade para realizar o projeto conforme havia sido concebido. Conseguiu. Com a criação do Reedy Creek Improvement District[20], o terreno que hoje abriga o Walt Disney World se tornou o território de uma espécie de cidade corporativa. O complexo de parques foi inaugurado em 1971, cinco anos depois da morte de seu criador, mas também se mantém na posição de parque temático mais visitado do mundo. Anualmente, 52 milhões de pessoas vão à região central da Flórida para visitar o parque, gastar dólares e movimentar a economia – o que só reforça a boa reputação da empresa, que depois disso abriu parques na França e no Japão.

A boa reputação de uma empresa faz com que leis em seu favor sejam criadas. Mas preciso lembrar que a má reputação é igualmente poderosa e também é capaz de inspirar leis.

Ocorrido em 24 de março de 1989, o vazamento de óleo do petroleiro Exxon Valdez na costa do Alasca foi considerado o segundo pior da história. Causou a morte de 250 mil aves, 2.800 lontras, 250 águias e 22 orcas. Além dos efeitos terríveis para o meio ambiente, que foram intensamente expostos na mídia, a empresa teve de lidar com outros problemas que mancharam sua imagem de forma definitiva. Por exemplo, o Exxon Valdez estava operando com metade da tripulação com que operava em 1977; a

20. https://en.wikipedia.org/wiki/Walt_Disney_World

tripulação fazia turnos de 12 a 14 horas; testemunhas disseram que o capitão tinha bebido pesadamente na véspera e que não estava na ponte de comando quando o petroleiro bateu em um iceberg. A empresa não dispunha de equipamento moderno para identificar icebergs, e o navio tinha casco simples e não duplo como era recomendado para petroleiros. Tudo isso simplesmente manchou a reputação da empresa junto à opinião pública.

A ExxonMobil continuou operando, sua marca continuou em milhares de postos de gasolina nos Estados Unidos e seus acionistas continuaram a receber dividendos. No entanto, desde então a empresa tem sido considerada a causadora de milhões em prejuízos para a população do Alasca e é vista como um exemplo do que não deve ser feito com funcionários e com o meio ambiente. A empresa patrocinou a limpeza da região afetada na baía de Prince William e região, em um processo que durou até 1993.

Depois do acidente, uma série de medidas preventivas foram adotadas e várias leis passaram a regular o tráfego de petroleiros. Mas os ambientalistas alertam que os efeitos do acidente persistem.

A despeito dos esforços de relações públicas, a reputação da empresa nunca mais será a mesma – exatamente como a baía Prince William.

Recomeçar sempre

Quando falamos de êxito, referimo-nos a um processo dinâmico em que a linha de chegada é também a linha de partida para um novo ciclo da empresa, do produto ou da marca.

Viver o êxito, no sentido de alcançar seus objetivos e seguir adiante em busca de outras formas de mostrar o propósito da empresa foi a opção de algumas marcas, como a brasileira Havaianas.

Na virada dos anos 1990, a São Paulo Alpargatas, empresa dona da marca Havaianas, se viu diante de um desafio: agregar valor às suas onipresentes sandálias de borracha. Lançado em 1962, o produto foi um sucesso tão grandioso que, claro, logo foi copiado.

Para resolver esse problema, a empresa encomendou à sua agência de propaganda, a J.W.Thompson, uma campanha que reforçava a importância para o consumidor de comprar as "legítimas" Havaianas porque "As legítimas Havaianas não têm cheiro, não deformam e não soltam as tiras". O garoto propaganda da campanha era o humorista Chico Anysio, um mestre em criar tipos bem brasileiros e bem populares – exatamente como as sandálias.

A campanha atravessou os anos 1970 e, embora só existissem Havaianas brancas com solado azul ou preto, as vendas iam muito bem, obrigada. No fim dos anos 1970, os jovens e especialmente os surfistas da zona sul carioca começaram a inverter o solado para "customizar" o produto. Rapidamente o mercado percebeu esse desejo e surgiram os "chinelos de surfista", feitos com solado de borracha mais grosso, todo preto e com tiras de nylon. Embora não houvesse um lar brasileiro em que não existisse um par de Havaianas, o produto virou "coisa de velho" ou "coisa de pobre" e passou a ser usado apenas para fazer faxina ou no chuveiro do clube – as Havaianas não iam mais à praia.

Vinte anos depois de seu lançamento, as sandálias haviam se tornado uma *commodity* e, pior, estavam perdendo mercado para calçados similares menos eficientes, mas que tinham mais glamour. Essa situação perdurou durante toda a década de 1980.

O sucesso histórico do produto por conta de sua concepção elegante em termos de design, da eficiência na produção e distribuição, e da eloquência – tanto como um produto que fala por si quanto de sua comunicação – exigiu que a empresa buscasse o êxito da sua operação, ou seja, uma saída capaz de tirar a marca do marasmo e conduzi-la para um novo estágio evolutivo.

Isso só aconteceu na década de 1990, quando a empresa lançou a Havaianas Top, uma versão revista e atualizada da sandália de borracha, com solado mais alto e monocromática. Eram apenas quatro cores, mas, depois de três décadas de preto e azul, as novidades foram festejadas pelos consumidores. O novo modelo vinha com preço mais alto, o que gerou status para a nova linha e afastou-a da *commodity* que todo mundo conhecia. Além disso, ganhou uma campanha estrelada por atrizes e atores do primeiro time da TV, que mostravam que gente "fina" e "rica" também usava o produto. O reposicionamento havia começado.

Em 1997, a marca resolveu apostar no mercado internacional. A missão foi entregue à executiva Ângela Hirata, que criou um *corner* da Havaianas na prestigiosa Galleries Laffayette, em Paris, e na Selfridges, de Londres. A intenção não era exportar grandes volumes, e sim desenvolver a marca como algo de prestígio. A escolha da empresa foi criar reconhecimento da marca nos principais centros formadores de opinião na indústria da moda como Londres, Paris e Milão. Embora o número de peças exportadas fosse pequeno, o simples fato de um par estar sendo vendido a 30 euros criou um impacto importante no mercado interno. De repente, os pés mais ricos do mundo estavam pagando caro para experimentar o que todo brasileiro tinha como um produto banal. O desejo pelo produto na Europa virou notícia aqui e isso promoveu um salto de status para o produto no mercado interno.

O êxito foi indiscutível. As quatro cores viraram 15, que depois se multiplicaram em uma infinidade de possibilidades e variações em estampas, tiras e solados. Alguns são sazonais, outros acabam sendo incorporados. Os preços podem ultrapassar os US$ 100 e o produto começou a ser visto nos lugares mais badalados, como nas semanas de moda e para grupos exclusivos, como os convidados da festa do Oscar.

Mas o mais importante é que o êxito também se revelou nos números da empresa. Hoje a marca está em 150 mil pontos de vendas no Brasil e é exportada para 107 países. De acordo com o relatório anual da São Paulo Alpargatas[21], em 1993 havia 45 unidades fabris que produziam Havaianas; em 2013, esse número chegou a 3 mil. A marca já possui escritórios nos Estados Unidos e

21. Alpargatas, relatório anual de 2013. Link: http://ri.alpargatas.com.br/informacoes_financeiras/relatorios_anuais/index.asp

na Europa para administrar seus negócios e seus 91 pontos de vendas – desses, 16 são lojas exclusivas na Europa e três nos Estados Unidos, instaladas em locais estratégicos como Miami, Flórida, local onde há grande concentração de brasileiros, e na Califórnia, em Topanga, e Huntington Beach, meca do surfe.

No fim de 2013, a marca possuía 343 lojas exclusivas no Brasil, que registraram crescimento de 12% no volume de vendas em relação a 2012 (considerando o mesmo número de lojas).

Em termos de reconhecimento de marca, os resultados também são importantes: em 2013, pela primeira vez, marcas brasileiras participaram do ranking Best Retail Brands e a Havaianas ficou em 8º lugar, sendo avaliada em US$ 167 milhões. No ranking Best Brands 2014, elaborado pela Interbrand, a Havaianas ficou em terceiro lugar entre as marcas mais amadas pelo público – só perdeu para uma cerveja e um banco.

O fato é que empresas que aprendem a usar o êxito a seu favor estão sempre reiniciando e, com isso, se mantêm interessantes, vigorosas, saudáveis, relevantes.

Para descobrir a anatomia e os poderes do êxito, observe:

1. **Metas.** Escolha as certas. Não se trata apenas de atingir metas objetivas como um determinado volume de vendas em um dado período de tempo. É muito mais profundo. Só vale atingir metas se elas forem as metas certas, se forem fiéis à proposta de valor de uma empresa. A Walt Disney Company quer, sim, atingir a meta de 52 milhões de visitantes/ano em seu parque da Flórida, mas sua meta real é encantar 52 milhões de pessoas por ano. É transformar a experiência dessas pessoas em algo sensacional, inesquecível, mágico. A Kodak cresceu enquanto sua meta era facilitar a vida de quem queria registrar seus momentos em fotografia. No momento em que essa deixou de ser sua meta, a empresa começou a morrer.
2. **Agilidade.** Mantenha a adrenalina. Não é raro ouvir no noticiário esportivo que uma determinada equipe campeã

ou que um campeão não está rendendo a mesma coisa na temporada seguinte à que colecionou vitórias. Campeão mundial de surfe em 2014, o brasileiro Gabriel Medina atravessou todo o primeiro semestre de 2015 sem conquistar nenhum campeonato. A Motorola, depois de conquistar o mercado de celulares no fim dos anos 1990 com o modelo Startac, nunca mais conseguiu lançar um celular que fosse o objeto de desejo número 1 dos usuários. O fato é que, muitas vezes, vencer provoca uma espécie de relaxamento que inviabiliza a agilidade, a capacidade de partir para um novo ciclo de seu produto ou projeto. Walt Disney era ágil. Mal a Disneyland assegurou o posto de objeto de desejo e destino de viagem, ele partiu para um projeto ainda mais ambicioso na Flórida.

3. **Ambição.** Deve ser respeitada e jamais confundida com megalomania. Desejar ir além do que já foi conquistado é uma característica de quem sabe viver o êxito. O sucesso acaba em si mesmo, já o êxito significa partir para um novo ciclo embalado pela força positiva de bons resultados anteriores. A cada iniciativa bem sucedida de valorização da marca, a Havaianas parte para subir mais um degrau. A Apple também soube fazer do sucesso do iPod o começo do iPhone, que foi o começo do iPad, e assim por diante. Repousar sobre os louros não gera evolução.
4. **Humildade.** Ter consciência de que as vitórias do passado não garantem as do futuro é fundamental na administração do êxito. Atores e atrizes famosos, com décadas de carreira, costumam dizer que a cada dia que pisam no palco do teatro se sentem novamente como estreantes. O fato é que, mesmo que o texto seja conhecido e tenha sido repetido milhares de vezes – em alguns casos literalmente – cada apresentação é original e única, porque tudo pode acontecer. Alguém pode rir ou espirrar, algum ator pode ter um branco e esquecer o texto, pode faltar luz ou um

contrarregra esquecer algum adereço. Para uma empresa, cada projeto equivale a uma apresentação no palco. Claro que talento, dedicação, preparação e ensaios ajudam a minimizar os possíveis problemas, mas é preciso ter a humildade de saber que se está recomeçando e que é preciso tomar cuidado com o desconhecido.

5. **Fidelidade.** É preciso ser fiel aos próprios propósitos. O ciclo que vem depois de um sucesso é cheio de armadilhas. Se não houver fidelidade aos conceitos que serviram de base ao sucesso do ciclo anterior, não há combustível para decolar para o próximo ciclo. Na música isso acontece com frequência. Várias bandas de rock dos anos 1970 e 1980 que explodiam nas paradas de sucessos não conseguiram agradar os fãs com seus trabalhos seguintes, simplesmente porque perderam a conexão com suas fontes de inspiração. Quando fizeram sucesso, perderam a referência com os sentimentos que tornavam suas letras emocionantes e seu som poderoso. Ao se tornarem astros, deixaram de viver as emoções que os conectavam ao seu público. Muitas empresas fazem isso depois de um grande sucesso e perdem a preferência do consumidor. Para perpetuar o êxito é preciso se manter fiel aos seus princípios. As empresas criadas por Walt Disney e Steve Jobs estão entre as que provam isso.

Agora que você já sabe o que são os 4 Es, que tal ver como eles funcionam?

CAPÍTULO 7

Como reconhecer os 4 Es?

Antes de tudo, é preciso dizer que os 4Es estão em todas as empresas, em todas as iniciativas. Isso mesmo. Em todas – tanto no campo do empreendedorismo, quanto na carreira e até na vida pessoal.

Pense bem e você encontrará esses quatro Es atuando em todas as esferas da vida. Mas, como nos dias de hoje não dá para ficar "pensando bem" – ninguém tem tempo para isso –, a melhor forma de buscar entender o comportamento dos Es em sua empresa é sair da atitude contemplativa e exercitar seus poderes de análise.

Antes de praticar com os 4Es, porém, você precisa de um H, de honestidade. E de um R, de rigor. Isso mesmo. Muitas vezes, quando analisamos o que está perto de nós, acabamos embutindo na análise uma dose de benevolência que não é saudável. Embutimos nas respostas as desculpas que damos para nós mesmos. Por isso, a necessidade de rigor. Seja rigoroso consigo mesmo, não aceite desculpas do tipo: "Ah, mas custa muito caro fazer assim!" ou "Mas meu consumidor não vai entender isso..." ou "Mas não conheço ninguém que faça diferente". Ou, ainda, a mais covarde de todas: "Isso tudo é muito sofisticado para a minha empresa".

São todas desculpas.

Quer ver como os Es se aplicam até nas situações mais prosaicas?

Pense na ceia de Natal. Agora pense em quem a prepara. Exceto por algumas raríssimas exceções, os realizadores de uma ceia de Natal não são formados em gestão ou em marketing, mas são modelos de aplicação dos 4Es.

Quem organiza uma ceia de Natal geralmente busca conciliar os pratos que se tornaram tradição nas festas da família com os gostos de quem estará presente. Por exemplo, em algumas famílias, a ceia de Natal tem de incluir salpicão; em outras, capeletti, e tem as que não abrem mão de um tutu de feijão. O grande prato da noite também pode variar. Em algumas famílias, sem pernil não existe Natal. Em outras, o fundamental é o peru, mesmo. E algumas não dispensam o bacalhau. Dependendo do tamanho da família, a mesa tem de abrigar todas essas variações. Mas, além disso, é preciso pensar na neta vegetariana, no primo que não come cebola de jeito nenhum, na sobrinha que tem alergia a lactose e no genro que tem horror a maionese. Além de todas as variações, cada prato deve ser harmonizado com um acompanhamento. Se estivermos no Brasil, pode ser farofa. Uns gostam de bacon, milho e ovo, alguns só gostam de farofa de banana e tem o que quer a clássica, só com farinha e manteiga. Ou o acompanhamento pode ser batata. Pode ser em forma de purê, só assada com azeite e alecrim, ou pode ser ralada em forma de rösti. E tem que os que não abrem mão dela frita. Ou arroz, que pode ser branco, integral, feito com champanhe, nozes e passas, ou com cenoura, ervilha e milho misturados. Mas tem o que não come passas em pratos salgados, o que detesta ervilhas ou o que simplesmente não pode ouvir falar de arroz integral. Ou seja, é tudo sempre muito complexo.

Pensar nos gostos e necessidades de cada um é sinal de elegância e os gestores de uma ceia de Natal sabem muito bem disso. Por isso, resolvem essa complexidade colhendo informações e planejando tudo com cuidado.

Aí vem a parte da eficiência. Cada prato exige uma série de ingredientes e há toda uma logística para conseguir os melhores.

É preciso encomendar o pernil e começar o processo de colocá-lo em vinha-d'alhos. O bacalhau vem de outro fornecedor e, se for do tipo salgado, tem de ser dessalgado em leite por dois ou três dias dentro da geladeira. Mas uma porção terá de ser dessalgada em água, porque um neto tem alergia a leite. O peru também tem seus truques: precisa ser descongelado gradualmente e depois passar por muita massagem de manteiga (à temperatura ambiente) para não ficar ressecado. E onde assar tudo isso? Cada prato tem seu tempo de cozimento, o que exige planejamento e atenção. Há que se pensar nos cuidados sanitários, em pré-preparo, em embalagens que preservem o sabor dos produtos.

Para que a comida fique gostosa e quentinha ao mesmo tempo, e as bebidas e sobremesas geladas, como se espera, é preciso trabalhar com logística apurada.

A eloquência vem na forma como tudo é apresentado, na mesa festiva, na decoração da casa e no capricho em cada prato. Na sensação de que aquele momento é único. E que cada um é especial. Não é preciso fazer declarações de amor, elas estão em cima da mesa: para a neta vegetariana, a lasanha de berinjela com queijo e os bolinhos de arroz; para o que detesta cebola, molho só de ervas para acompanhar o pernil, e para o intolerante a lactose, sagu de vinho de sobremesa – uma alternativa aos pavês com leite condensado e creme de leite. Nem o sujeito que só gosta de uma sobremesa no mundo pode ser esquecido e o famoso pudim de leite vai para a mesa.

A eloquência está no que se faz com atenção e relevância e não em um monte de palavras.

O êxito se dá em fases: a alegria de ver todo mundo se fartando; a certeza de que todo mundo estará de volta no dia seguinte para comer os restos e no ano seguinte para mais um festa. A observação sobre que pratos fizeram mais sucesso é informação para guardar para o ano seguinte e aprimorar a medida. E surgem as descobertas e aprendizados impactantes: "E não é que todo mundo comeu lasanha vegetariana de montão?!" ou "E o sagu, então, quem diria que faria tanto sucesso?!".

São as avaliações que entram para o planejamento da ceia do ano seguinte para que ela seja um sucesso ainda mais estrondoso.

Os 4 Es fazem parte da vida, são parte da história pessoal de cada um e parecem muito à vontade dentro das situações mais comuns porque, em maior ou menor medida, estão na estrutura de todas as ações.

Por isso, em qualquer situação empresarial em que se possa pensar é possível perceber a ação dos 4Es.

Mas, para facilitar sua identificação, vale a pena encarar algumas questões e respondê-las com honestidade e rigor.

Elegância

Definição: é a capacidade de ser simples e encantador ao mesmo tempo.

Frequentemente usado como sinônimo para a palavra "beleza", o conceito de elegância une o físico e o subjetivo e tem as conotações de harmonia, simplicidade, coerência e empatia.

Aplicação: produto/serviço/relações interpessoais

Veja algumas perguntas e o contexto em que deve ser aplicada para que você possa fazer uma análise honesta do grau de elegância de uma empresa, marca ou operação.

1. **Seu cliente precisa se esforçar para usar o seu produto?** Muita gente coloca essa situação na lista de memórias traumáticas de infância: o dia em que ganhou um presente que foi muito pedido e desejado, mas não pode brincar com ele porque o tal brinquedo vinha desmontado ou sem os acessórios que apareciam na propaganda da televisão. Pois é, essa situação é de total frustração. Mas continua a acontecer com "crianças" de todas as idades. São os celulares que exigem 24 horas de carregamento de bateria antes de serem usados – uma ducha de água fria na empolgação de qualquer

consumidor – ou a roupa que precisa de ajustes ou ainda o aparelho de TV que precisa ser configurado por um técnico. Tudo isso é complicado e frustrante para o consumidor e também sinal de incompetência e preguiça por parte da empresa. Para ser elegante, é preciso sempre facilitar a vida do cliente. Às vezes, isso custa bem pouco ou nada para ser feito. Por exemplo, um belo dia os fabricantes de produtos para cabelos perceberam que as pessoas colocam o frasco de condicionador de cabeça para baixo para facilitar o consumo, já que esse produto é mais denso do que os xampus. Aí veio a iluminação: passaram a colocar a abertura na parte de baixo do frasco. Isso tornou a utilização do produto mais amigável para o cliente e permitiu que o rótulo ficasse no sentido certo no banheiro, fazendo sua função de propaganda subliminar para fixação na mente do consumidor.

2. **Existe harmonia entre as demandas do seu consumidor e a sua forma de oferecer o produto?**
   As pessoas são mais sofisticadas do que pode parecer à primeira vista. Por isso, certas situações incomodam bastante o consumidor e é dever dos gestores de marketing e produto atentar para isso. Por exemplo: produtos orgânicos geralmente são consumidos por pessoas com preocupações com a própria saúde e também com a saúde do planeta. Portanto, se as embalagens forem recicláveis haverá harmonia no produto como um todo. Mas, para ser elegante, é preciso ir um degrau acima. Por exemplo, quem procura mel orgânico tende a se sentir mais confortável se ele estiver em uma embalagem de vidro. Embora o plástico seja tão reciclável quanto o vidro, ele gera no consumidor um certo desconforto, uma dissonância cognitiva, porque seu processo de produção parece ser mais agressivo para o planeta, portanto, menos "natural". Além disso, a transparência do vidro ressalta as qualidades visuais do mel.

3. **Até onde vai a preocupação da empresa com a experiência que seu cliente terá com o produto?**
A indústria do luxo é bastante atenta a esse tipo de harmonia. A fabricante e varejista de joias Tiffany's percebeu que a embalagem tinha o poder de tornar o momento de ganhar uma joia ainda mais especial e adotou a embalagem azul-turquesa, que funciona como um show de abertura em um festival de música: aquece a percepção de quem recebe o presente. Mas, ligada no tipo de emoção que a mera visão do pacote turquesa provoca, a loja desenvolveu um tipo de laço de fita que pode ser aberto com um único movimento. A ideia é evitar que o laço atrapalhe o *timing* do momento de receber o presente valioso e emocionante. Mas, esse tipo de percepção não é exclusiva do mercado de luxo. Por exemplo, no Brasil, milho cozido é uma comida de rua bastante popular. No entanto, vários vendedores perceberam que havia consumidores que gostavam de milho, mas tinham medo de se sujar comendo direto da espiga. Então, criaram outra forma de consumo: o cliente escolhe a espiga e o vendedor corta os grãos na hora, acondiciona-os em uma embalagem e oferece talheres.

4. **Os produtos que você oferece reforçam a identidade da sua marca?**
Pizza é um prato festivo, reconfortante e que desperta memórias positivas. Assim, na sua pizzaria, além de criar um ambiente simpático, acolhedor e alegre, você descobre que as pessoas elogiam alguns ingredientes que são produzidos artesanalmente por sua empresa, como tomate seco, alcachofra em conserva, patês de azeitonas, azeites aromatizados. Então resolve começar a comercializá-los. Essa é uma forma inteligente e elegante de fazer a sua marca "ir para casa" junto com os clientes. São produtos alinhados com a sua identidade de marca. No entanto, se você quisesse vender

cremes hidratantes, gel para cabelos ou bijuterias na pizzaria, seria um desastre, porque esses produtos não têm qualquer identificação com a sua marca. Algumas marcas conseguem estar em produtos muito diferentes. É possível ver as marcas GE ou Phillips em lâmpadas ou turbinas, em aparelhos de barbear ou sofisticados equipamentos hospitalares. Mas, embora estejam em locais totalmente diferentes, eles têm a tecnologia como traço de identidade. Portanto, o problema não é a diversidade e sim a percepção de identidade entre os diversos produtos de uma marca.

5. **Existem rotinas antiquadas que permanecem ativas em sua empresa?**
Não é proposital, mas é fato que muitas empresas seguem carregando conceitos de outros tempos em suas estruturas e essas rotinas podem atrapalhar a dinâmica criativa da equipe. Por exemplo, na esteira da Revolução Industrial foi criada a rotina do cartão de ponto para registrar a hora de entrada e saída dos funcionários nas fábricas e empresas. Isso era preciso porque as pessoas não tinham muita motivação para fazer tarefas tediosas e repetitivas. Por isso, era preciso saber que estavam ali. Desde a virada do milênio, o relógio de ponto passou a ser digital, mas o conceito é o mesmo: controlar o tempo de presença do funcionário. No entanto, em boa parte das empresas, esse tipo de controle é desnecessário e até ofensivo porque, em atividades intelectuais e criativas, as pessoas trabalham por satisfação e muitas vezes se mantêm ligadas em seus desafios profissionais o tempo todo. Um arquiteto pode se inspirar no purê de batata para desenhar um prédio ou um publicitário pode ter uma ideia genial enchendo o pneu de sua bicicleta. Por isso, vale a pena analisar com cuidado para perceber que rotinas são pertinentes à sua empresa.

6. Há agilidade na tomada de decisões?

Quanto tempo leva para que uma ideia cumpra o ciclo completo dentro da sua empresa? Quanto tempo é despendido da concepção à avaliação de resultados? Quantos projetos foram abortados porque perderam o *timing*? Essas perguntas ajudam a medir a assertividade dos processos decisórios dentro da empresa. É bastante comum que as pessoas enrolem para dar uma resposta quando ela é negativa. Mas também não é raro que levem um tempo enorme para dizer um sim. Um dos pilares da elegância é o respeito ao tempo dos outros.

7. Existe uma cultura de assertividade?

Lacunas nas diretrizes, decisões deixadas em aberto e ordens pouco claras atrapalham as relações de trabalho e abrem espaço para insegurança, fofocas e atrasos nos projetos. Ser elegante é ser assertivo. Há quem confunda assertividade com grosseria. Grande erro. Assertividade tem a ver com uma postura de segurança. Se alguém foi suficientemente elegante para fazer a lição de casa, para estudar e ponderar sobre uma situação objetiva, ganha a segurança para dar respostas consistentes – tanto positivas quanto negativas.

8. A empresa se mantém fiel à sua missão, visão e valores?

Sim, essa conversa de missão-visão-valores parece coisa antiga, mas ainda é válida. Uma empresa precisa ter em mente o que faz. E nem sempre isso é o produto. A Coca-Cola entrega uma sensação refrescante – pode ser refrigerante, água, suco, chá. A Chanel vende classe e não só roupas, acessórios e perfumes, a Dior vende feminilidade junto com roupas e perfumes, a TAG Heuer vende precisão e esportividade, e não relógios. A Disney vende magia e não ingressos, bonecos ou roupas. A Apple vende inovação e não hardware. O McDonald's vende consistência e não lanches. Deu para notar? Ser elegante é ser fiel à sua missão original, à necessidade humana que sua empresa veio atender. Quando isso se perde, a empresa se perde também. A Kodak surgiu para ajudar as pessoas a eternizar seus momentos e se perdeu quando achou que isso só podia ser feito em filme e papel fotográfico, e não em digital. A Xerox achou que seu negócio era fazer cópias e não percebeu que era facilitar a vida nos escritórios. Assim, desprezou ideias que mudaram o destino da Apple. Depois de perceber qual é a verdadeira missão da sua empresa, descubra para onde ela vai, qual é o próximo passo e o que deve ser feito para chegar lá. Mas isso já está no terreno da eficiência.

Eficiência

Definição: é o uso inteligente de recursos, incluindo o tempo. Significa atingir um determinado objetivo utilizando o mínimo de recursos e de tempo. Além de recursos físicos, a eficiência otimiza a boa vontade do público para com uma determinada marca ou empresa.

Aplicação: operação/entrega

Veja algumas perguntas e o contexto em que devem ser aplicadas para que você possa fazer uma análise honesta do grau de eficiência de uma empresa, marca ou operação.

1. **A tecnologia evolui continuamente, já as empresas... qual é o grau de atualização dos processos em relação à disponibilidade de tecnologia?**
   Houve uma época em que havia grande dificuldade para se conseguir uma linha telefônica. Então, quem queria comprar uma pizza para comer em casa muitas vezes tinha de ir buscar pessoalmente na pizzaria. Depois, conforme os telefones ficaram mais abundantes, a dificuldade era conseguir que a linha estivesse desocupada para se conseguir fazer um pedido. Com a proliferação dos celulares, muitas pizzarias delivery adotaram a política de ter um número de cada ope-

radora. Mais recentemente, os pedidos passaram a ser feitos por meio de aplicativos. Portanto, o parâmetro de eficiência para receber o pedido de uma pizza mudou consideravelmente no decorrer de algumas décadas. Esse mesmo tipo de dinâmica ocorreu em várias áreas e permitiu até a criação de novas profissões. Uma empresa deve estar sempre atenta às mudanças de comportamento de consumo que novas tecnologias ou visões de mundo impõem.

2. **Qual é o papel do planejamento e da logística nas ações da sua empresa?**
Uma verdade da vida é que nada sai 100% como foi planejado. Mas não é por isso que se deve desistir de planejar. Pelo contrário! Quanto mais planejamento se faz, maior a chance de chegar perto dos 100%. Outro argumento dos que discutem as virtudes do planejamento é que essa fase rouba agilidade. É uma verdade. Por isso, é preciso planejar cuidadosamente e ter uma leitura crítica constante do plano. Muitas vezes é preciso fazer ajustes para chegar à meta definida. Ou rever a meta. Pense em um plano de voo de um avião. O combustível é calculado de acordo com a rota e com a velocidade média do vento para a rota e a altitude programadas. Mas, se a velocidade do vento for maior do que a prevista e ele vier em direção contrária, o gasto de combustível será maior ou o voo vai demorar mais. Por outro lado, se for a favor, a chegada ao destino pode acontecer mais cedo – o que, teoricamente é bom, mas pode ser que no aeroporto de chegada a pista esteja ocupada por um voo que estava no horário e a sua aeronave tenha de ficar dando voltas até ser liberada para pouso. No mercado, é a mesma coisa: você traça um plano de voo, mas ele tem de ser uma referência para a tomada de decisão de acordo com as condições que se apresentam e nunca uma camisa de força que vai lhe colocar em uma situação

kamikaze. A eficiência das ações que se toma depende do referencial estabelecido pelo planejamento.

3. **Até que ponto a logística é sua aliada?**
Não existe produção sem logística. Simples assim. Todas as ações são encadeadas e dependem umas das outras para se desenvolverem formando uma reação em cadeia em que cada elo é diferente do outro, mas todos têm a mesma importância. Quando se fala em logística, é fundamental perceber que todo processo é extremamente sensível a qualquer fator externo que afete qualquer uma das suas etapas. Qualquer processo de logística pode ser comparado a uma equação que tem como particularidade o fato de que todos os seus elementos são variáveis. Para obter eficiência é preciso ficar de olho em cada um dos elos, buscar otimizar cada um deles e ajustar os outros de acordo. Imagine que uma determinada publicação semanal precisa chegar aos leitores no sábado pela manhã, digamos, até o meio-dia. Os entregadores precisam de 6 horas para entregar. A gráfica precisa de 8 horas para rodar o material. Isso significa que o material tem de estar na gráfica até 22h de sexta-feira. Portanto, o conteúdo da revista tem que estar pronto até esse horário. Mas, se algum fato importante acontece e a redação atrasa o envio do conteúdo para a gráfica, todas as outras partes do processo terão de passar por ajustes para tentar manter o horário de entrega. Se em outra ocasião o problema ocorrer na gráfica, pode ser que a redação tenha de entregar o conteúdo muito mais cedo. E assim por diante. Por isso, os processos logísticos precisam ser ao mesmo tempo precisos e flexíveis. Além dos fatos inesperados, é preciso ter sempre em mente que a tecnologia muda tudo o tempo todo e que equipamentos mais rápidos e processos mais inteligentes podem mudar muito o nível de eficiência logística de uma atividade. E alterar dramaticamente o tempo de resposta aos imprevistos.

4. **Você considera sua empresa ágil?**
Uma coisa é perceber uma mudança de atitude ou comportamento do consumidor ou do mercado, outra bem diferente é reagir a ela suficientemente rápido. Já se tornou uma espécie de mantra do mercado: quanto maior a empresa, maior será sua dificuldade em mudar de rumo. Junto com esse mantra vem sempre o exemplo do Titanic, o transatlântico que era tão grande que não conseguiu manobrar a tempo de evitar um iceberg. Nem o mantra nem o exemplo estão errados. Mas não estão sempre certos. Até barcos pequenos podem apresentar dificuldade de manobra. A questão fundamental não é o tamanho da empresa e sim a eficiência com que ela opera. Uma empresa que constrói sua malha decisória no sentido de responder rapidamente aos estímulos (tanto internos quanto externos) sempre sai ganhando. Já as que estabelecem processos internos muito amarrados, que exigem extensas cadeias de validação para todo tipo de decisão, costumam perder o *timing* do mercado.

5. **Qual é o nível de autonomia dos funcionários e executivos?**
Eficiência, agilidade e autonomia estão intrinsecamente ligadas. Empresas em que ninguém tem permissão para decidir coisa alguma acabam caindo na estagnação, porque até os profissionais pagos para tomar decisões acabam adotando uma postura hesitante. Não é raro observar empresas que são ágeis porque ainda têm seu fundador à frente da operação. Acostumado a tomar decisões e imbuído de certezas sobre o que é a empresa e quais são suas metas, o fundador age rapidamente e com convicção.

6. **Em que medida a empresa respeita seus cronogramas?**
Na mitologia grega, Cronos, o deus do tempo, tinha por hábito devorar seus filhos. De fato, o tempo é o maior

devorador da eficiência das empresas de que se tem notícia. Uma coleção que chega atrasada às lojas provoca a ruína das empresas do setor de moda. Mas isso também acontece se a produção rural não escoa a tempo ou se os bois não engordam no ritmo previsto. Jornal que chega atrasado não é lido, vai direto para o xixi do cachorro. A luta contra o tempo é uma constante em todos os mercados. No entanto, há empresas que continuamente estouram seus prazos. Agem como o grupo de rock Guns N' Roses, que deixou os fãs esperando de 1991 a 2008 por um disco com canções inéditas que nunca chegou a atender as expectativas que gerou. A Microsoft também provocou esse tipo de anticlímax na época do lançamento do Windows Vista, em 2006. Depois de quase dois anos de negociações e testes, a LG lançou um aparelho celular com design Prada, que tinha como principal diferencial um teclado *touch-screen*. Isso ocorreu em 12 de dezembro de 2006 e as vendas começaram em maio de 2007. Tarde demais, porque em 9 de janeiro de 2007 a Apple anunciou o iPhone e tomou o mercado de assalto antes que o pioneirismo da LG pudesse ser notado.

7. **Quando foi a última vez que um processo da empresa foi melhorado a partir da sugestão de um colaborador?**

   Não há ninguém com mais capacidade de melhorar os processos de uma empresa em prol da eficiência do que seus próprios colaboradores. Mas isso só acontece quando eles se sentem motivados a buscar a evolução da empresa e também quando há um clima interno de colaboração, constante evolução das habilidades dos colaboradores e meritocracia. Nesse sentido, é importante tomar consciência de que a eficiência tem tudo a ver com o clima interno de uma empresa. Se as pessoas têm bom trânsito entre si, vão querer colaborar e se ajudar e, com isso, ajudam a empresa, o consumidor e o planeta.

8. **Por quanto tempo sua empresa pode continuar agindo da mesma forma?**
O termo sustentabilidade tem um sentido muito mais amplo do que apenas a preservação da natureza. É preciso aferir se um processo pode ser repetido da mesma forma à exaustão. Geralmente não pode. Mesmo nos setores mais tradicionais, as fórmulas precisam ser ajustadas. Por exemplo, o currículo de um curso universitário precisa ser atualizado de tempos em tempos, porque as coisas mudam. No passado, o curso de arquitetura era todo baseado em réguas e papel, hoje é todo digital. Sem uma atualização, o curso não se sustentaria. O mesmo ocorre com os processos internos das empresas. Alguns truques que são eficazes em alguns momentos depois se mostram insustentáveis. Os feirões de fábrica com grandes descontos nos automóveis foram eficazes em um determinado momento e, de fato, ajudavam as montadoras e concessionárias a bater suas metas. Mas, depois, essa estratégia começou a mostrar sinais claros de fadiga porque, claramente, não era sustentável.

Eloquência

Definição: comunicar muito com poucas palavras.

Expressar-se com precisão e charme, é o contrário de ser prolixo: aquele que fala demais e não diz nada. O que é eloquente é, ao mesmo tempo, expressivo, convincente e cativante.

Aplicação: comunicação/marketing

Para medir o nível de eloquência da comunicação e marketing da sua empresa, é preciso analisar algumas situações:

1. **As ações de marketing e propaganda da sua empresa reforçam a personalidade da sua marca?**
Teoricamente todas as ações de comunicação de uma empresa deveriam sempre mostrar sua personalidade, suas prioridades, sua visão de mundo e de futuro. Mas, na prática, nem sempre é isso que se vê por aí. Muitos fatores causam interferências na mensagem. E uma mensagem que não é clara é automaticamente considerada ruído – um pesadelo para qualquer gestor de marketing. Mas como acontecem os desvios? Há várias maneiras, mas a mais comum é a falta de identidade entre o gestor de marketing e a empresa que o contratou, combinada à pressão por resultados. De acordo com uma pesquisa divulgada pelo *The Wall Street Journal*[22], a permanência média de um CMO (Chief Marketing Officer) em uma empresa era, em 2014, de 45 meses. Achou pouco? Pois esse período já praticamente é o dobro da média de permanência no cargo em meados da década passada. Em 2006, o mesmo estudo mostrava que o tempo médio de permanência do CMOs era de apenas 23 meses. A explicação para gestões tão curtas continua a mesma usada na década passada: as empresas querem ver resultados imediatos das ações de comunicação. O ROI (Return Over Investment) tem de ser imediato. Só que em comunicação existe um paradoxo: o que gera uma resposta rápida em vendas geralmente é esquecido rapidamente pelo consumidor, enquanto as ações que constroem o prestígio da marca levam mais tempo para demonstrar seu valor, mas também duram mais. Talvez seja essa a explicação para o aumento do tempo dos CMOs atuais em seus cargos: é fundamental que eles passem tempo suficiente na função para colher o que plantaram – tanto de positivo quanto de negativo. Quando ficavam apenas dois anos no cargo, nem se preocupavam com

22. http://blogs.wsj.com/cmo/2014/03/23/cmos-work-lifespan-improves-still-half-that-of-ceos-study/

o médio prazo. Valia a pena fazer qualquer coisa que chamasse a atenção. Isso é ser barulhento, prolixo e não tem nada ver com eloquência, que é a base de uma comunicação duradoura entre a marca e o mercado.

2. A marca corresponde ao seu discurso?

Uma das campanhas de maior sucesso da última década foi a da marca de alimentos para cães Pedigree, que adotava o slogan "Cachorro é tudo de bom". Além de dizer isso, a marca fez campanhas de adoção, apoiou protetores de animais e ONGs que resgatam e abrigam cães e, em suas propagandas, reforçou a relação entre pessoas e cães e a habilidades desses animais de conquistar a amizade dos humanos. Com esse discurso, a marca conseguiu conquistar enorme prestígio junto aos donos de animais. Considerando que, segundo pesquisas do IBGE (Instituto Brasileiro de Geografia e Estatística), nos lares brasileiros há mais cães do que crianças (são 52 milhões de cachorros, espécie presente em 44% dos lares do País, contra 44 milhões de crianças), a marca ganhou um contingente imenso de admiradores e conseguiu conquistar a atenção até de quem não tem cachorro. A coerência das ações da Pedigree se tornou um exemplo e o case da campanha "Adotar é tudo de bom" realizada no Reino Unido em 2008 foi analisado pela Marketing Society[23]. Além de aumento de 6% nas vendas naquele ano, de ótima repercussão na internet – 62% das visitas ao site da campanha foram diretas, sem passar por mecanismos de busca – a atenção gerada na mídia foi enorme e o retorno sobre o investimento nas ações de relações públicas foi de 25 para 1. Isso sem falar de milhares de cães que encontraram um novo lar. As ações da Pedigree continuam coerentes. Em 2015, dentro da fase

23. https://www.marketingsociety.com/the-library/2008-pedigree-marketing-communications-case-study

"Feed the Good" da campanha internacional[24], um novo filme nos EUA usou a relação com os cães como um gatilho para melhorar as relações entre brancos e negros no país[25]. A coerência continua e a eloquência agradece.

3. **A sua comunicação é criativa?**
Surpreender, encantar, divertir e ainda construir a imagem da marca são as características de uma comunicação criativa. Mas existe uma relação interessante entre criatividade e compra de mídia: alguns dos maiores anunciantes não são criativos. Já os que são criativos e fazem grandes campanhas conseguem resultados duplamente importantes. Os varejistas, por exemplo, compram muito espaço na mídia porque precisam anunciar suas ofertas. Portanto, precisam simplesmente conquistar espaço na cabeça do consumidor pela repetição. Como se isso não bastasse, há segmentos que usam sempre a mesma estética. Por exemplo: quando foi que você viu uma propaganda de xampu memorável? Todas são iguais. Não importa a marca ou o país. Já as propagandas de cerveja primam pela criatividade e algumas conquistam o posto de propagandas mais assistidas no YouTube. Em 2015, a campanha da Heineken para a final da Uefa Champions League com trilha sonora de Rita Pavone[26] foi um enorme sucesso. As campanhas surreais e supercriativas certamente impactaram as vendas e a marca cresceu 6,2% internacionalmente no mercado de cervejas premium.

4. **Há empatia na forma como sua marca se comunica?**
A força da empatia de uma marca está em sua capacidade de não entediar quem não está especialmente interessado naquele nicho de produtos. Mesmo quem não tem

24. https://www.youtube.com/watch?v=BjWVEQGcjsU
25. https://www.youtube.com/watch?v=MEIKZQ6wBZA
26. https://www.youtube.com/watch?v=XBVel9utOjg

cachorro se diverte ou se emociona com as campanhas da Pedigree. O mundo dos bebês pode estar a anos-luz da sua realidade, mas é engraçado ver as fofurinhas rolando e complicando a vida de quem tenta colocar fraldas nesses bebês hiperativos. Mesmo que as fraldas-calça não estejam em sua lista de compras, a mensagem foi tão criativa e simpática que você não se importa em ouvi-la. Claro que obter empatia com crianças e cães é fácil. Mais complicado é conseguir isso quando seu produto é um banco ou um plano de saúde, mas é essa dificuldade que torna o trabalho de comunicação ainda mais importante. No mercado brasileiro, o banco Itaú vem consistentemente conseguindo criar uma imagem simpática justamente porque busca usar a linguagem do consumidor e não impor um estilo mais rígido, típico dos bancos.

5. **A escolha de canais de comunicação e as mensagens da sua marca são pertinentes?**
Em comunicação, pertinência tem a ver com tempo, lugar e assunto. Falar de dieta na mesa da pizzaria ou de escola de samba em um velório é o tipo de suicídio social que as pessoas evitam fazer. No entanto, muitas marcas não têm essa sensibilidade e se queimam com o consumidor.

6. **Você reforça sua marca em todos os pontos de contato?**
Não é raro ver acontecer: a marca faz uma enorme campanha para lhe vender seu produto. Aí, quando você entra em contato, fica em uma fila de espera, é mal atendido ou percebe que o vendedor tem a maior má vontade. A decepção do consumidor nesse contato passará a dar o tom (negativo) de sua relação com a marca. A importância de cuidar de cada aspecto da relação do consumidor com a marca é imensa.

7. **Sua comunicação seria capaz de alavancar uma mudança de comportamento?**
Há alguns anos, a função débito dos cartões era pouco utilizada no Brasil. Por razões históricas, por muito tempo o cartão de crédito foi visto pela sociedade brasileira com um misto de fascínio e temor. E só era usado em algumas poucas situações. A função internacional dos cartões só foi liberada em 1990. E, ainda nos anos 2000, a função débito era subutilizada. As pessoas tinham vergonha de pagar contas pequenas com plástico. Aí a Visa lançou uma campanha em que mariachis[27] cantavam ensinando as vantagens de usar cartões de débito para compras pequenas. A campanha bem humorada obteve resultado e efetivamente mudou o hábito em relação a esse meio de pagamento. Em 2010, a bandeira Visa fez outra campanha mostrando que os mesmos mariachis[28] precisaram encontrar outros trabalhos, porque as pessoas já estavam usando o cartão de débito para pagar o cafezinho na padaria e outras despesas pequenas. Essa ação eloquente nos leva a pensar o que se faz quando se obtém êxito.

Êxito

Definição: conquista de objetivos.

Embora seja sinônimo de sucesso, o conceito de êxito está mais ligado às realizações, à conquista de metas claras e objetivas.

Aplicação: resultado financeiro/reputação/brand equity
Para avaliar o êxito das ações de sua empresa, é preciso analisar alguns indicadores e projetar os próximos passos.

27. https://www.youtube.com/watch?v=_EwjESAOCnQ
28. https://www.youtube.com/watch?v=aYvkAiUO76s

1. **Como foi seu resultado financeiro?**
A resposta parece bastante simples. Deu lucro? Sim ou não. Dentro de uma perspectiva simplista, bem século 19, é isso mesmo. Mas, no século 21, a resposta é um pouco mais complexa porque há muito mais em jogo do que apenas os números finais. Dar lucro pode ser algo ilusório. Sua empresa pode ter tido resultado positivo porque investimentos importantes em sua infraestrutura não foram feitos. Esse tipo de lucro, na verdade, joga contra o êxito da companhia, porque reduz sua competitividade em curto e médio prazo, restringe seu mercado consumidor em médio prazo e pode comprometer o faturamento da empresa em longo prazo. Por exemplo, imagine um taxista. Ele faz as contas do que ganhou no ano e descobre que está no azul. Ufa! Mas fechou o ano com lucro porque não mandou limpar o ar-condicionado do carro, não trocou os pneus e não comprou um novo celular. Com o tempo, os clientes fiéis começam a se incomodar com ar-condicionado deficiente do carro, a cooperativa implica com o estado dos pneus e o celular velho não aceita os aplicativos de chamada de táxi que passaram a dominar o mercado. Por isso, é importante determinar qual é a anatomia do lucro que a empresa apresenta. É como observar uma pessoa que faz dieta. Alguns perdem peso rápido e, junto com os quilos, vai a massa muscular, o viço da pele e a saúde dos cabelos. A pessoa parece desnutrida. Outros perdem mais devagar, mas incluem alimentação saudável e exercícios em seu estilo de vida e ficam com aparência nitidamente mais saudável. O número de quilos eliminados pode até ser o mesmo, mas o resultado é bem diferente. Isso deve ser avaliado cuidadosamente na análise do balanço de uma empresa.
2. **O crescimento foi satisfatório?**
Nessas horas é preciso avaliar, cuidadosamente, a anatomia do crescimento. Foi orgânico? Seguiu o ritmo do merca-

do? Foi mais rápido ou mais lento? Houve um investimento para que ele ocorresse? Ocorreu na medida esperada considerando o investimento feito? A resposta a essas questões vai determinar as ações a serem desenvolvidas no ciclo seguinte. Dizer que as vendas de automóveis aumentaram porque houve um ganho real de salários na classe média é uma coisa. Outra bem diferente é observar que as vendas ocorreram por conta de incentivos fiscais ou em resposta a campanhas de redução de preços. Os efeitos dos dois tipos de crescimento na definição do que é mais adequado para a cadeia produtiva são bem diferentes. No caso de um enriquecimento da população, a montadora deve pensar em lançar carros mais completos, com motores mais potentes e em versões mais sofisticadas. No caso do aumento anabolizado por descontos, é melhor pensar em lançar modelos mais básicos e acessíveis.

3. Sua marca ganhou valor?

Brand equity é um dos elementos mais importantes do êxito, porque dá a medida do quanto sua empresa soube trabalhar elegância, eficiência, eloquência e êxito (no ciclo anterior). O valor da marca, segundo Philip Kotler[29], é o reflexo da visão que o consumidor tem dela e se reflete na forma como as pessoas pensam, sentem e agem em relação a uma marca. Essa mistura de opiniões e sentimentos resulta em preferência, vendas e lealdade em relação a uma marca. E vai além, construindo uma ponte entre a experiência do consumidor e o seu desejo de voltar a consumir produtos da marca. Se você gosta do presunto de determinada marca, se sentirá naturalmente inclinado a comprar o peito de peru da mesma marca. Isso funciona para tudo. Se você considera a Dior

29. http://pt.slideshare.net/jaejo/kotler-creating-brand-equity

uma marca sedutora e tiver oportunidade, vai comprar o que sua conta bancária lhe permitir daquele mesmo fabricante. Foi assim que a Apple tomou o mercado de celulares de assalto. Quem tinha um iPod ou um Mac automaticamente se sentia inclinado a comprar um iPhone.

4. **Como se mede o êxito em conquistar *brand equity*?**
O primeiro passo é verificar se sua marca tem presença na mente do consumidor. Depois, é preciso avaliar se ela provoca associações fortes e positivas no imaginário de seu público-alvo e da sociedade em geral. O terceiro passo é um pouco mais íntimo: as pessoas vivem uma experiência com a marca, julgam seu desempenho e passam a ter sentimentos sobre essa vivência. A linha de chegada, quando tudo corre bem, é atingir a preferência e talvez até a lealdade do consumidor. Enfim, é preciso avaliar se sua marca é desejada e respeitada.

5. **Como é a reputação institucional da sua marca?**
Na sociedade em que vivemos, as marcas são entes poderosos e a forma com que se relacionam com o mundo é cada vez mais relevante. Por exemplo, mesmo uma pessoa que não bebe é capaz de reconhecer o mérito da marca de uísque Johnnie Walker com a campanha Piloto da Vez, que promove a conscientização para o fato de que beber e dirigir não combinam, e que quando uma turma sai para curtir é bom ter alguém que se mantenha longe do álcool e se responsabilize por levar os amigos de volta para casa em segurança. A campanha não incentiva as pessoas a consumir álcool ou a deixar de beber, e sim foca na importância da segurança de quem quer se divertir. Esse tipo de atitude gera uma resposta positiva da sociedade. E mesmo que não se reflita em vendas, resulta em respeito e admiração pela marca, o que atinge tanto consumidores quanto o poder público. Isso merece atenção. Mesmo o lobby contrário ao consumo de bebidas alcoólicas reconhece

que a fabricante de bebidas teve sabedoria ao abordar a situação. Nem sempre isso é assim. Montadoras de automóveis sabem que a poluição causada pelos carros é um problema, mas nunca abordam seus esforços para reduzir as emissões de gases tóxicos pelos motores – se é que estão trabalhando nisso. Por isso, diante dos ambientalistas, sua reputação é ruim.

6. A empresa tem clareza sobre qual será seu próximo capítulo?

Uma das características mais importantes do êxito é seu caráter de saída. Êxito é uma linha de chegada que também é linha de largada. É muito importante desenvolver essa mentalidade que existe um dia depois de uma grande conquista. Isso motiva as pessoas dentro da empresa, e também seus fornecedores e seus consumidores. Para estes últimos, a expectativa pelo próximo capítulo alimenta sua fidelidade. Por isso os processos cíclicos são tão poderosos. Como será o novo iPhone? E o novo álbum do U2? E o novo filme de Steven Spielberg? E o novo Camaro? Essas perguntas animam o mercado e alimentam a criatividade dentro da empresa.

7. Qual é a abordagem das pessoas de sua empresa em relação às vitórias?

A visão corporativa em relação às vitórias determina como serão os ciclos futuros da empresa. Se uma vitória só exauriu a equipe e não lhes trouxe motivação para seguir adiante, é hora de analisar a validade das metas antes estabelecidas. Não adianta subir o Everest e morrer lá no alto de frio e exaustão. Muitas empresas fazem isso. Algumas fazem coisas totalmente geniais – como o Startac ou o Motorola RAZR V3 – e depois passam tempo demais sem fazer lançamentos com o mesmo carisma. Há várias gradações para esse tipo de decepção. Houve um tempo em que a sequência de um filme de sucesso geralmente era fadada a decepcionar o fã do primeiro filme. *O Império Contra-Ataca* marcou a história de Hollywood como a primeira sequência que era melhor que o primeiro filme da trilogia, *Episódio IV - Uma Nova Esperança*, que termina com os protagonistas sendo condecorados depois de destruírem a Estrela da Morte. Embora no segundo filme da saga criada por George Lucas, a Aliança Rebelde "perdesse" várias batalhas ao longo do filme, que termina com os "mocinhos" perdendo também – Han Solo foi congelado em carbonite e Luke Skywalker teve de lidar com revelação de que Darth Vader era seu pai – o resultado junto ao público foi excelente, dada a força dramática que a saga adquiriu. As séries Caçadores da Arca Perdida e Jurassic Park estão entre as que comprovam a habilidade de Steven Spielberg em produzir sequências com brilhantismo. Cada novo filme incorpora efeitos mais extraordinários, sequências mais impactantes e roteiro mais desafiador. Dar continuidade a grandes sucessos é tarefa árdua, mas empresas como Apple, Lucasfilm e Dreamworks, que têm objetivos bem alinhados, tendem a conseguir isso. Interessante notar que todas elas surgiram na mesma região do norte da Califórnia, entre San Francisco Bay Area e Silicon Valley, e desenvolveram uma forma muito positiva de administrar o sucesso, transformando-o em êxito.

Agora que você já está preparado para analisar com honestidade e rigor, vale a pena seguir um esquema para avaliar como as empresas se saem em relação aos 4 Es.

CAPÍTULO 8

O esquema para avaliar os 4Es

Sistema de Estratégia Minimalista

Elegância, eficiência, eloquência e êxito são qualidades onipresentes nos melhores exemplos de marketing da atualidade e de todos os tempos. São virtudes que apresentam largas áreas de intersecção entre si a ponto de ter fronteiras bem difusas. Muitas vezes é difícil saber onde termina a elegância e começa a eficiência ou a eloquência ou o êxito. O fato é que esses fatores formam uma equação que explica os grandes resultados obtidos em valorização de marca e retorno financeiro de diversas empresas ao longo da História e que, no futuro, será cada vez mais crucial para a sobrevivência de qualquer tipo de empreendimento.

Elegância:

simplicidade e harmonia

Frequentemente usado como sinônimo para a palavra 'beleza', o conceito de elegância adquiriu as conotações de harmonia e simplicidade.
Aplicação: produto/serviço

Eficiência:

uso inteligente de recursos.

Significa atingir um determinado objetivo utilizando o mínimo de recursos, o que geralmente implica no menor tempo possível, já que esse é um dos recursos mais escassos da nossa era.
Aplicação: operação/entrega

Eloquência:

comunicar muito com poucas palavras

Expressar com precisão e charme; é o contrário de ser prolixo: aquele que fala demais e não diz nada. O que é eloquente é, ao mesmo tempo, expressivo, convincente e cativante.
Aplicação: comunicação/marketing

Êxito:

conquista de objetivos

Embora seja sinônimo de sucesso, o conceito de êxito está mais ligado às realizações, à conquista de metas claras e objetivas.
Aplicação: resultado financeiro/reputação

Exercício de aplicação

Marca/empresa: ______________________

1. Com base no Sistema de Estratégia Minimalista, como você classifica sua empresa em cada um dos itens abaixo? Preencha de 1 a 5 ícones por item, e 1 representa "baixa competência", e 5 "alta competência".

Elegância
(produto/serviço)

1. Simplicidade ☐ ☐ ☐ ☐ ☐
Produto simples, de fácil uso ou entendimento

2. Harmonia ☐ ☐ ☐ ☐ ☐
Produto composto por elementos harmônicos

3. Unidade/identidade ☐ ☐ ☐ ☐ ☐
Portfólio de produtos coeso

Eficiência
(operação/entrega)

4. Inteligência ○ ○ ○ ○ ○
Processos inteligentes da prospecção à entrega

5. Fluidez ○ ○ ○ ○ ○
Agilidade e facilidade na execução dos processos

6. Sustentabilidade ○ ○ ○ ○ ○
Autossuficiência e uso consciente dos recursos

Eloquência
(comunicação/marketing)

7. Verdade/Transparência ◁ ◁ ◁ ◁ ◁
Cumpre o que promete, sem omitir informações

8. Pertinência ◁ ◁ ◁ ◁ ◁
Expressa aquilo que seu público deseja saber

9. Relacionamento ◁ ◁ ◁ ◁ ◁
Diálogo, interação social, troca de ideias e resolução de conflitos

Êxito
(resultado/reputação)

10. Resultado financeiro ◇ ◇ ◇ ◇ ◇
Lucratividade e crescimento satisfatórios

11. Reputação ◇ ◇ ◇ ◇ ◇
Stakeholders, mídia e governo reconhecem positivamente a marca

12. Desejo de marca ◇ ◇ ◇ ◇ ◇
Marca desejada, amada e seguida

2. Utilize as classificações realizadas anteriormente e importe os dados para o gráfico abaixo, traçando uma linha para ligar os pontos mais altos de cada classificação, conforme o exemplo abaixo.

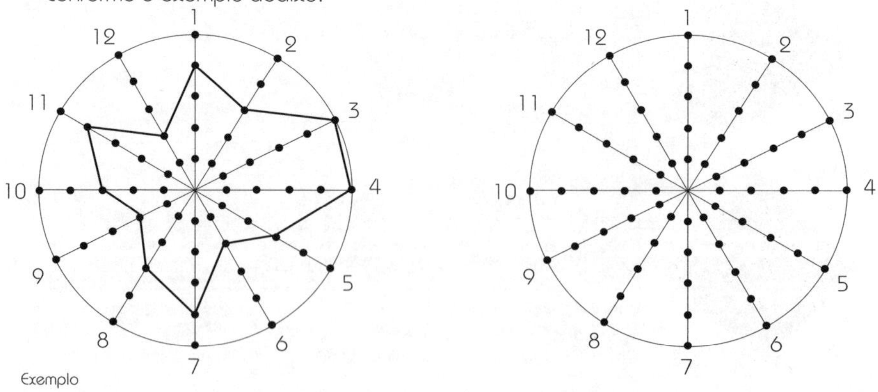

3. Obviamente, nem todo produto, empresa ou marca nascem seguindo os conceitos minimalistas. Mesmo os maiores cases do assunto são passíveis de fraquezas em alguns dos elementos que analisamos. Por isso, a aplicação da estratégia dos 4 Es é um exercício contínuo. Agora que você já realizou a classificação e produziu o gráfico para análise, que tal sugerir mudanças baseadas no pensamento minimalista? Para auxiliar nesse processo, imagine um balão de passeio. Esse balão só ganhará altitude quando você eliminar o excesso de peso. Essa metáfora ajuda a desconstruir nosso pensamento "expressionista", que tende apenas a adicionar, somar. Quando aprendemos a eliminar, consequentemente elevamos algo. Nesse exercício de minimalismo, descreva algo que possa ser eliminado para melhorar a classificação de cada um dos elementos analisados. E lembre-se: less is more.

Elegância
(produto/serviço)

1. Simplicidade

____

____

2. Harmonia

____

____

3. Unidade/identidade

____

____

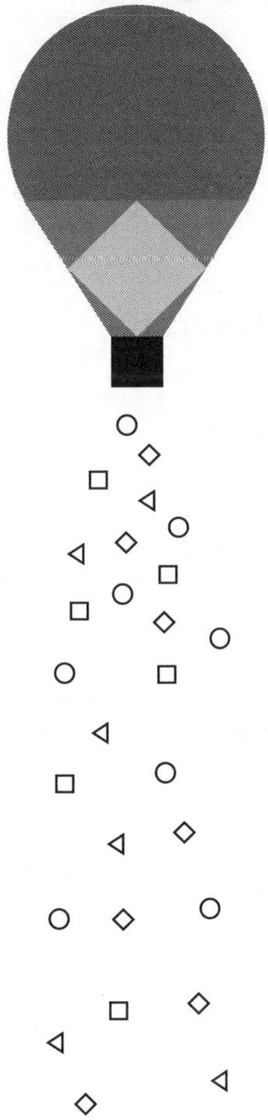

Eficiência
(operação/entrega)

4. Inteligência

____

____

5. Fluidez

____

____

6. Sustentabilidade

____

____

Eloquência
(comunicação/marketing)

7. Verdade/Transparência

____

____

8. Pertinência

____

____

9. Relacionamento

____

____

Êxito
(resultado/reputação)

10. Resultado financeiro

____

____

11. Reputação

____

____

12. Desejo de marca

____

____

Exercício de aplicação

Marca/empresa: Apple®

1. Com base no Sistema de Estratégia Minimalista, como você classifica sua empresa em cada um dos itens abaixo? Preencha de 1 a 5 ícones por item, e 1 representa "baixa competência", e 5 "alta competência".

Elegância
(produto/serviço)

1. Simplicidade Produto simples, de fácil uso ou entendimento	■ ■ ■ ■ ■
2. Harmonia Produto composto por elementos harmônicos	■ ■ ■ ■ ■
3. Unidade/identidade Portfólio de produtos coeso	■ ■ ■ ■ ■

Eficiência
(operação/entrega)

4. Inteligência Processos inteligentes da prospecção à entrega	● ● ● ○ ○
5. Fluidez Agilidade e facilidade na execução dos processos	● ● ● ● ○
6. Sustentabilidade Autossuficiência e uso consciente dos recursos	● ● ○ ○ ○

Eloquência
(comunicação/marketing)

7. Verdade/Transparência Cumpre o que promete, sem omitir informações	◀ ◀ ◀ ◀ ◁
8. Pertinência Expressa aquilo que seu público deseja saber	◀ ◀ ◀ ◀ ◀
9. Relacionamento Diálogo, interação social, troca de ideias e resolução de conflitos	◀ ◀ ◀ ◀ ◁

Êxito
(resultado/reputação)

10. Resultado financeiro Lucratividade e crescimento satisfatórios	◆ ◆ ◆ ◆ ◆
11. Reputação Stakeholders, mídia e governo reconhecem positivamente a marca	◆ ◆ ◆ ◆ ◇
12. Desejo de marca Marca desejada, amada e seguida	◆ ◆ ◆ ◆ ◆

2. Utilize as classificações realizadas anteriormente e importe os dados para o gráfico abaixo, traçando uma linha para ligar os pontos mais altos de cada classificação, conforme o exemplo abaixo.

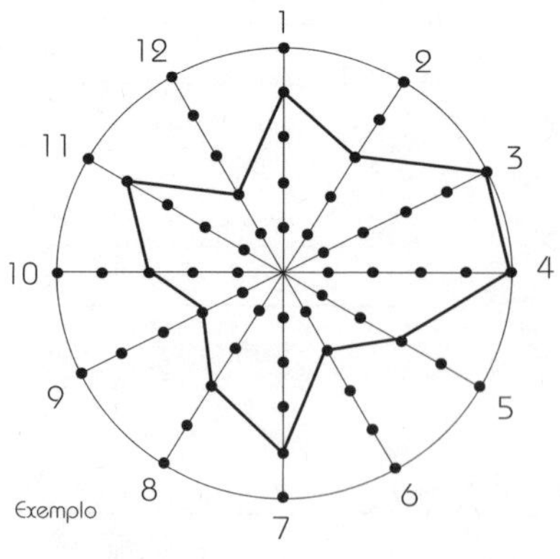

Exemplo

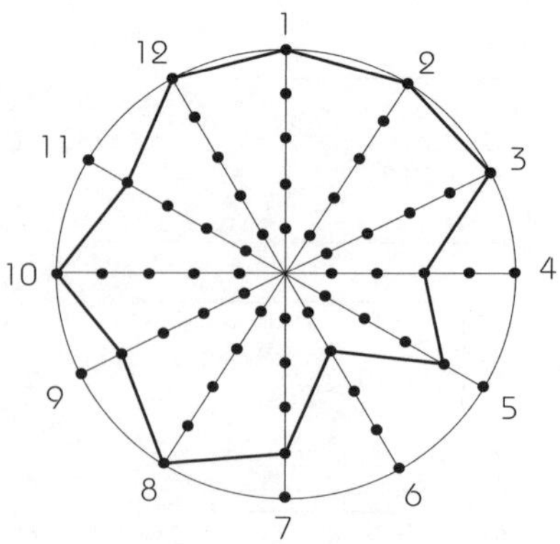

3. Obviamente, nem todo produto, empresa ou marca nascem seguindo os conceitos minimalistas. Mesmo os maiores cases do assunto são passíveis de fraquezas em alguns dos elementos que analisamos. Por isso, a aplicação da estratégia dos 4 Es é um exercício contínuo. Agora que você já realizou a classificação e produziu o gráfico para análise, que tal sugerir mudanças baseadas no pensamento minimalista? Para auxiliar nesse processo, imagine um balão de passeio. Esse balão só ganhará altitude quando você eliminar o excesso de peso. Essa metáfora ajuda a desconstruir nosso pensamento "expressionista", que tende apenas a adicionar, somar. Quando aprendemos a eliminar, consequentemente elevamos algo. Nesse exercício de minimalismo, descreva algo que possa ser eliminado para melhorar a classificação de cada um dos elementos analisados. E lembre-se: less is more.

Elegância
(produto/serviço)

1. Simplicidade
–

2. Harmonia
–

3. Unidade/identidade
–

Eficiência
(operação/entrega)

4. Inteligência
Menos problemas na distribuição em lançamentos. Filas são justificáveis apenas no dia do lançamento, mas se estendem por semanas.

5. Fluidez
Menor descrentralização nos processos de fabricação.

6. Sustentabilidade
Reduzir o uso de materiais e recursos energéticos prejudiciais ao planeta.

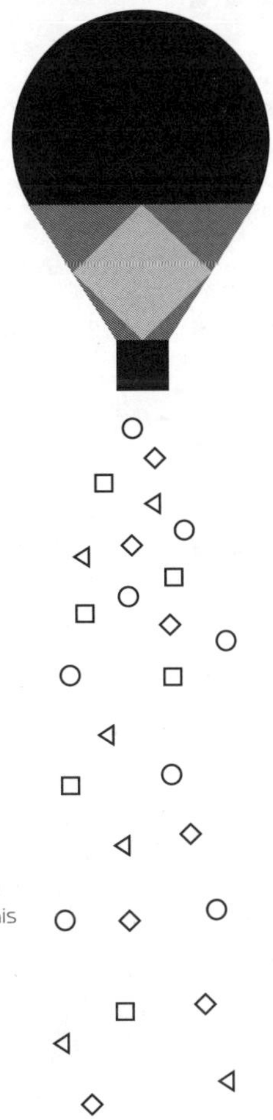

Eloquência
(comunicação/marketing)

7. Verdade/Transparência
Reduzir mão de obra exploratória, tornando os processos de fabricação mais transparentes.

Menos desculpas e mais explicações sobre defeitos nos equipamentos mais badalados (iPhones).

8. Pertinência
–

9. Relacionamento
Reduzir FAQs e manuais em detrimento de um atendimento on-line em tempo real.

Êxito
(resultado/reputação)

10. Resultado financeiro
–

11. Reputação
Reduzir o impacto que os defeitos nos produtos mais badalados causam à marca. Diminuir a percepção que os produtos são caros e incompatíveis com outros dispositivos, softwares etc. Dirimir dúvidas e eliminar incertezas relacionadas à ausência do Jobs.

12. Desejo de marca
–

Exercício de aplicação

Marca/empresa: GoPro

1. Com base no Sistema de Estratégia Minimalista, como você classifica sua empresa em cada um dos itens abaixo? Preencha de 1 a 5 ícones por item, e 1 representa "baixa competência", e 5 "alta competência".

Elegância
(produto/serviço)

1. Simplicidade ■ ■ ■ □ □
Produto simples, de fácil uso ou entendimento

2. Harmonia ■ ■ ■ ■ ■
Produto composto por elementos harmônicos

3. Unidade/identidade ■ ■ ■ ■ ■
Portfólio de produtos coeso

Eficiência
(operação/entrega)

4. Inteligência ● ● ● ● ●
Processos inteligentes da prospecção à entrega

5. Fluidez ● ● ● ● ○
Agilidade e facilidade na execução dos processos

6. Sustentabilidade ● ● ● ○ ○
Autossuficiência e uso consciente dos recursos

Eloquência
(comunicação/marketing)

7. Verdade/Transparência ◀ ◀ ◀ ◀ ◀
Cumpre o que promete, sem omitir informações

8. Pertinência ◀ ◀ ◀ ◀ ◀
Expressa aquilo que seu público deseja saber

9. Relacionamento ◀ ◀ ◀ ◀ ◀
Diálogo, interação social, troca de ideias e resolução de conflitos

Êxito
(resultado/reputação)

10. Resultado financeiro ◆ ◆ ◆ ◆ ◆
Lucratividade e crescimento satisfatórios

11. Reputação ◇ ◇ ◇ ◇ ◇
Stakeholders, mídia e governo reconhecem positivamente a marca

12. Desejo de marca ◆ ◆ ◆ ◆ ◆
Marca desejada, amada e seguida

2. Utilize as classificações realizadas anteriormente e importe os dados para o gráfico abaixo, traçando uma linha para ligar os pontos mais altos de cada classificação, conforme o exemplo abaixo.

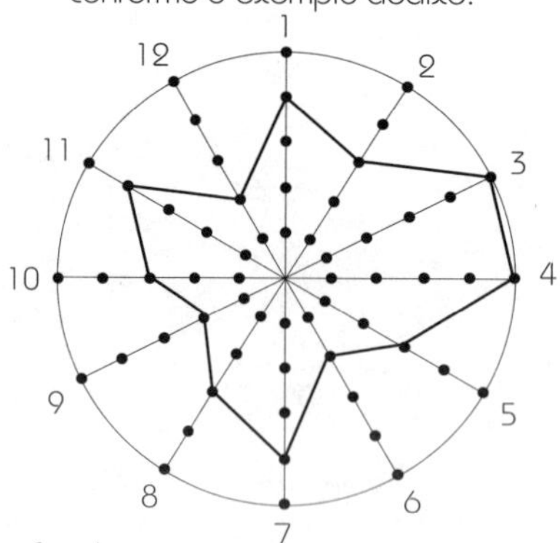

Exemplo

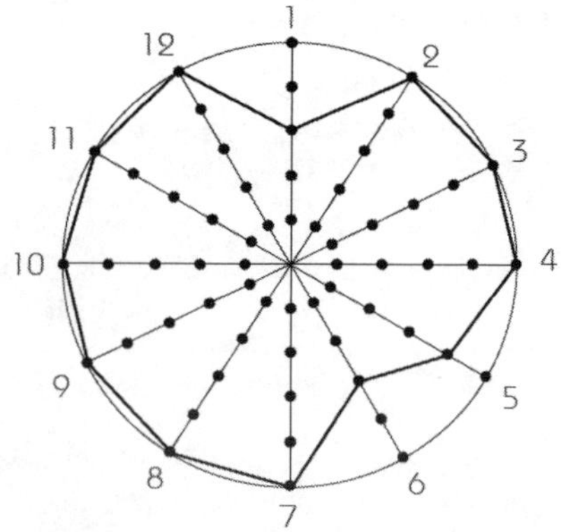

3. Obviamente, nem todo produto, empresa ou marca nascem seguindo os conceitos minimalistas. Mesmo os maiores cases do assunto são passíveis de fraquezas em alguns dos elementos que analisamos. Por isso, a aplicação da estratégia dos 4 Es é um exercício contínuo. Agora que você já realizou a classificação e produziu o gráfico para análise, que tal sugerir mudanças baseadas no pensamento minimalista? Para auxiliar nesse processo, imagine um balão de passeio. Esse balão só ganhará altitude quando você eliminar o excesso de peso. Essa metáfora ajuda a desconstruir nosso pensamento "expressionista", que tende apenas a adicionar, somar. Quando aprendemos a eliminar, consequentemente elevamos algo. Nesse exercício de minimalismo, descreva algo que possa ser eliminado para melhorar a classificação de cada um dos elementos analisados. E lembre-se: less is more.

Elegância
(produto/serviço)

1. Simplicidade

Simplificar as funções do modelo mais barato da câmera incorporando também o display touch screen. Com isso usuários com menos conhecimento técnico poderiam passar a optar pela compra de uma Go Pro ao invés de uma câmera comum, abrindo um novo mercado para a marca.

2. Harmonia

–

3. Unidade/identidade

–

Eficiência
(operação/entrega)

4. Inteligência

–

5. Fluidez

–

6. Sustentabilidade

Implementar o mesmo modelo da Apple: ao comprar uma nova câmera, o usuário poderia dar a sua antiga como forma de obter desconto e a empresa ficaria com matéria-prima para ser reutilizada na confecção de novas unidades.

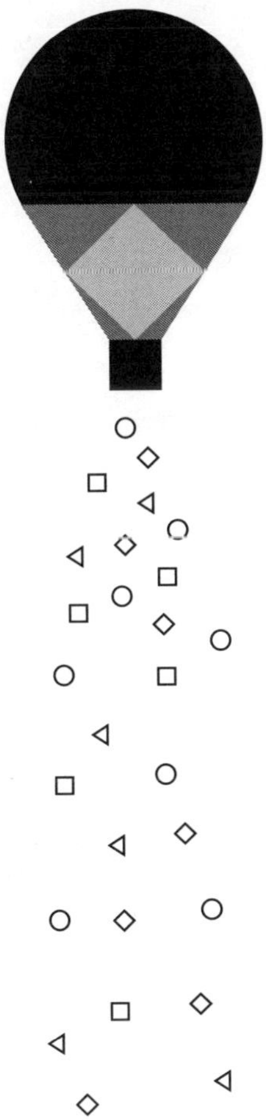

Eloquência
(comunicação/marketing)

7. Verdade/Transparência

–

8. Pertinência

–

9. Relacionamento

–

Êxito
(resultado/reputação)

10. Resultado financeiro

–

11. Reputação

–

12. Desejo de marca

–

CAPÍTULO 9

Os 4 Es em ação

Quando se fala em minimalismo, a tendência é pensar em algo com tão poucos elementos que chega a parecer incompleto. Na arte, isso pode até funcionar.

Mas, no mundo do marketing e da gestão, deixar espaços em branco pode ser um perigo. Daí a importância de eliminar equívocos e desfazer dúvidas sobre os verdadeiros contornos do minimalismo. Para evitar a aplicação incorreta do conceito, criamos o SEM – Sistema de Estratégia Minimalista.

Como já mencionamos, o SEM é a forma mais segura para aumentar a agilidade das empresas enquanto produz benefícios para o consumidor, para a cadeia produtiva e também para o planeta, já que busca também evitar desperdícios.

Mas como saber se o que se está fazendo é minimalista ou incompleto?

A melhor maneira de verificar isso é analisando como cada empresa se relaciona com os 4 Es do minimalismo.

Elegância, Eficiência, Eloquência e Êxito dão a medida do que é preciso para atingir a excelência.

Imagine a lógica dos balões: quanto menos peso, mais alto eles conseguem subir. Um bom trabalho em cada um dos Es equivale a ter menos peso na empresa, o que lhe garante voos mais altos.

Algumas empresas trabalham esses elementos tão bem que se tornam exemplo e inspiração para quem busca evoluir em Elegância, Eficiência, Eloquência e Êxito.

A Apple é uma referência nos 4 Es tanto pelo que demonstra no exterior de seus produtos quanto por sua mentalidade de gestão, inovação e comercialização.

As linhas simples e fluidas do exterior de iPods, iPhones, iPads, Air Macs e Mac Books já convidam a palavra elegância a ser usada como definição. De fato, o design dos produtos da Apple demonstra claramente o apreço da empresa por simplicidade, harmonia e identidade e nos dá a pista para perceber que o que se vê é o reflexo de uma filosofia que coloca esses elementos como ponto de partida e não apenas como linha de chegada.

Quando analisamos a forma pela qual a Apple se relaciona com os 4Es percebemos que muito do que se vê do lado de fora do produto corresponde ao que está ocorrendo abaixo dele, dentro da empresa e mais além, nas mentes das pessoas que tornam a empresa o que ela é. Agir de acordo com os princípios de elegância, eficiência, eloquência e êxito representa um exercício pessoal capaz de se transformar em força propulsora para ações individuais. Quando muitas pessoas no mesmo grupo buscam desenvolver esses conceitos, o processo ganha escala e rapidamente as pessoas são capazes de realizar projetos em conjunto.

Quando essa sintonia está instalada em uma equipe, os projetos fluem com facilidade, a inovação surge como consequência da busca por excelência e vem acompanhada de relevância e boa aceitação pelos consumidores. Ou seja, o ciclo dos 4Es se repete em uma espiral positiva.

E isso traz relevância para a inovação, na medida em que considera, em cada proposta inovadora, o interesse do consumidor como ponto focal. Por exemplo, quando o iPod foi lançado no começo dos anos 2000 o resultado visual de seu único botão se mostrou bem menos importante do que o fato de que a experiência dos fãs de música se tornou mais orgânica graças a esse design.

Portanto, o que se vê nessa situação é a preocupação com a conveniência e o conforto do usuário como premissa para a evolução de um produto. Essa filosofia havia começado muito antes, porém, quando a empresa era apenas uma semente.

Com toques de fábula desde seu primeiro momento, a Apple foi fundada em uma garagem no dia 1º de abril de 1976 por Steve Jobs, Stephen Wozniak e Ronald Wayne, o qual, menos de duas semanas depois, vendeu seus 10% por US$ 800, temendo que a empresa não desse certo. Livres da pouca fé de Wayne, Jobs e Wozniak seguiram adiante com seus planos de construir e vender computadores pessoais.

Vale notar a elegância que vem embutida na proposta de um computador pessoal. Afinal, quem tivesse um teria mais qualidade e eficiência em suas atividades. A eloquência da proposta era suficiente para que pessoas e empresas desejassem uma unidade dessa maravilha. Obviamente que entregar conveniência a um custo aceitável para um público que ainda não tinha um referencial claro do valor e da usabilidade de uma máquina como essa era um desafio importante.

Assim, o primeiro modelo foi lançado em julho de 1976 com um valor simbólico: US$ 666. Vale notar que a escolha do valor tinha um toque de marketing literalmente diabólico. O número 666 era um dos motes do filme de terror *A Profecia*, que falava sobre a encarnação do demônio, e que havia estreado com grande sucesso cerca de um mês antes do lançamento do produto na Byte Shop, uma espécie de feira para *geeks*. Anos depois, em uma entrevista, Wozniak disse que o valor não tinha nada a ver com o filme. Que ele tinha escolhido esse preço porque gostava de números repetidos.

A dupla Jobs/Wozniak levou para a Byte Shop um lote com 50 unidades pré-montadas pessoalmente por Wozniak na garagem da casa de Jobs. Em 2014, uma das 50 primeiras unidades foi a leilão. Arrematado por US$ 905 mil[30], esse Apple da primeira geração foi morar no Museu Henry Ford, em Dearborn, Michigan.

30. http://g1.globo.com/economia/noticia/2014/10/computador-apple-1-de-1976-e-vendido-por-us-905-mil-em-leilao.html

O grande diferencial do produto Apple é que ele chegava totalmente pronto e funcional, o que permitia que pessoas sem formação em eletrônica fossem capazes de operá-lo. Naquela altura, já existia no mercado o Altair, computador pessoal que vinha sem monitor e sem memória interna. Essas questões não preocupavam os membros do Homebrew Computer Club, uma espécie de "clube" de apaixonados e especialistas em tecnologia, que se divertiam montando equipamentos em suas garagens, mas era um fator impeditivo para os mortais comuns que tentassem se aventurar no mundo da computação.

A ideia de ter mais trabalho para que o seu consumidor tivesse menos complicação na hora de operar o equipamento moldou tudo o que a Apple fez e ainda faz. Esse conceito é profundamente elegante, no sentido de que traz o problema para dentro da empresa e assume a obrigação de entregar uma solução completa para o consumidor. Há simplicidade, harmonia e identidade nessa proposta. É o que os manuais de etiqueta ensinam: uma anfitriã pode ter o maior trabalho em preparar uma festa, mas ela jamais deve deixar isso transparecer para seus convidados. E mais: deve tentar se vestir de forma discreta para que suas convidadas possam brilhar.

E há, também, grande eficiência nessa proposta, porque na medida em que se entrega uma boa experiência para o consumidor, a relação entre ele e o produto flui e se sustenta por mais tempo.

Nada pode ser mais eloquente do que um consumidor satisfeito que vai relatar sua experiência para as pessoas, mostrar a pertinência daquela compra e conquistar mais admiradores para a marca, multiplicando seus relacionamentos.

O resultado foi animador: metade do lote produzido foi vendido. Esse sucesso financeiro e o começo de uma reputação positiva e do surgimento do desejo pela marca permitiu que Wozniak voltasse para o laboratório para aperfeiçoar o produto.

Essa relação com o êxito do produto é uma lição importante, porque mostra que, desde os primeiros tempos, a Apple aprendeu que o sucesso representa apenas o início de um novo ciclo de inovação, produção, marketing e vendas.

Em novembro de 1976, a dupla pediu ajuda ao veterano da indústria de chips Mike Markkula para escrever o plano de negócios da nova empresa, que previu que, em 10 anos, o faturamento chegaria a US$ 500 milhões.

O êxito inicial inspirou a dupla a seguir adiante. Em 1978, a empresa lançou seu primeiro grande sucesso: o Apple II, que custava cerca de US$ 1,3 mil (quase o dobro do preço do Apple I) e que passou para a história como o primeiro computador pessoal destinado ao mercado de massa. Foi o primeiro grande sucesso da empresa.

O preço de mercado cerca de 100% maior do que o fixado para o Apple I tinha a ver com a evolução do produto e simplesmente ignorou a lógica predominante de que seria uma loucura colocar no mercado um produto com o dobro do preço do seu antecessor. Em situações como essas, as empresas tendem a lançar versões com inovações menos radicais e preço mais parecido ao da versão anterior. Não na Apple. Lá, é o próprio produto quem faz o discurso de venda, com inovações tão eloquentes que são capazes de se vender sozinhas.

Mais do que uma ideia elegante, ele era eficiente e eloquente porque já propunha a integração com os aparelhos de televisão em cores. Outra invenção importante foi o drive de disquete, de 1978, que aumentou decisivamente a capacidade de armazenamento de dados, algo bastante útil para os usuários. A criação de planilhas também tornou o equipamento ainda mais atraente para a utilização empresarial. Nesse ponto, a Apple veiculou uma campanha publicitária que se preocupava em catequizar o público sobre os diferenciais do produto, mostrando claramente o que ele era capaz de fazer.

Os primeiros produtos da empresa tiveram design da dupla Jerry Manock e Bill Dresselhaus, ambos ex-alunos de Bob McKim, professor de design e engenharia da Stanford University. Foi a equipe dessa dupla que assinou o design de Apple II, Apple III, Lisa e do primeiro Macintosh.

Menos de cinco anos depois, em 1980, quando a Apple decidiu lançar ações na bolsa, foi avaliada em US$ 1,8 bilhão. Dos mil empregados, mais de 40 se tornaram milionários instantaneamente, porque tinham contratos com direito a ações.

Claro que a empresa teve de enfrentar fracassos, como o Apple III, de 1980, mas o fato é que repetidas vezes demonstrou que a filosofia de gestão que corria dentro da empresa era a principal razão para que a inovação continuasse a ser a principal inspiração de todas as ações da companhia.

Elegância

A filosofia de inovação, porém, não se restringia aos aspectos técnicos. Incluía o design. Em 1982, quando a empresa estava preparando o Macintosh, Jobs contratou um escritório alemão de design, o Frogdesign, de Hartmut Esslinger. Vale notar que antes de fechar esse contrato de US$ 2 milhões por ano com a Apple, Esslinger já havia desenvolvido projetos para a empresa de eletrônicos alemã Wega, para a Sony (toda a linha Trinitron, reconhecida pelo Museum of Modern Art de Nova York) e para a Louis Vuitton.

Muito dizem que a contratação de Esslinger foi decisiva para gerar a identidade Apple, uma vez que ele foi o criador da linguagem de design Snow White (Branca de Neve), que muitos dizem ter sido o principal diferencial da empresa em relação a outras *startups* do Vale do Silício nos anos 1980. Jobs e Esslinger trabalharam juntos para chegar ao design revolucionário do Macintosh SE. Era o minimalismo em ação.

Em 1984 foi lançado o Macintosh, o primeiro microcomputador pessoal totalmente portátil, que vinha dentro de uma sacola. Fato para o qual o próprio Mac chamou a atenção por ocasião de sua apresentação oficial por Steve Jobs que, aliás, ficou intensamente emocionado com a performance do produto[31] no palco. O próprio produto se definia como *insanely great* ou "loucamente grandioso". E ainda por cima, falou – o que causou o delírio de um teatro lotado. Algo poderia ser mais eloquente do que um computador falando?

Ninguém pode acusar Steve Jobs de ter sido simplório em suas visões. Mas sua busca por simplicidade é inquestionável.

A Apple inventou o mouse, uma forma de resolver o acesso aos ícones que apareciam na tela. Depois, no lançamento do iPod em 2001, a empresa criou o botão multitarefa. Em 2007, no lançamento do iPhone[32], a empresa foi além em termos de simplicidade e apresentou a ponta dos dedos do usuário como ferramenta de interação com o equipamento.

Durante o evento, Steve Jobs foi bem claro: nada pode ser mais simples e eficiente do que usar os próprios dedos – afinal, já nascemos com esse equipamento. Mas, para que essa opção cheia de simplicidade, harmonia e identidade pudesse ser oferecida ao consumidor, a empresa teve de criar um sistema de captação de toque altamente sofisticado, capaz de atender o usuário com precisão.

Além da elegância de pensar na facilidade de uso, a empresa criou uma rede de ações que se revertem em eficiência. Por exemplo, ao analisar como se comportavam os smartphones da época ela percebeu que o teclado convencional, imóvel, ocupava quase metade do tamanho do aparelho e era inerte. O tipo de programa ou de aplicativo poderia mudar, mas as teclas continuariam ali sem acompanhar a dinâmica do software. Na visão de Jobs e de sua equipe, isso era ineficiente. Como faltava inteligência no conceito inicial, a operação dos aparelhos não fluía com a devida facilidade e, portanto, era insustentável para muitos usuários.

Jobs chamou a atenção para o fato de que todo o esforço que motivou a criação do iPhone tem a ver com a paixão da Apple por

31. https://www.youtube.com/watch?v=2B-XwPjn9YY
32. https://www.youtube.com/watch?v=MnrJzXM7a6o

software e citou uma frase de Alan Kay, um dos veteranos da indústria de computadores: "Quem é realmente sério sobre software deve criar o seu próprio hardware". Isso é eloquente. Mostra que a empresa não mede esforços para integrar sua concepção elegante sobre como um produto deve ser com a entrega eficiente dessa visão para o consumidor.

É importante perceber que todo esse ciclo de projetos, metas, expectativas, decisões e ações ocorre dentro da companhia. Não estamos ainda falando de design, de distribuição, marketing, lojas, vendas, valor de marca. Estamos falando do espírito que move uma empresa e que circula dentro dela.

Tudo o que a Apple faz deriva da combinação de elegância, eficiência, eloquência e da boa gestão do êxito, e se direciona para a inovação, sempre perseguida com disciplina e criatividade a fim de que sejam capazes de transcender o funcional aponto de surpreender e encantar tanto os especialistas em tecnologia quanto o consumidor médio.

Tudo isso acaba se traduzindo em resultados financeiros importantes, em reputação e em desejo de marca, os elementos do êxito. E como o êxito representa o começo de um novo ciclo, vale voltar à questão do design como um dos catalisadores do sucesso da Apple.

Simplicidade e satisfação estão no centro do bom design. De acordo com John Edson[33], professor de design da Stanford University, "a Apple vê o design como uma ferramenta para criar belas experiências que transmitem uma perspectiva até o último detalhe – desde o feedback tátil de um teclado até a caixa de um iPhone".

Fundador da Lunar, empresa de design que realizou vários projetos para grandes marcas, como a própria Apple, Edson chama a atenção para dois grupos distintos de executivos: o primeiro seria composto por profissionais das áreas de marketing, estratégia, engenharia e operações, que costumam lastrear suas decisões

33. EDSON, John. *O jeito Apple de fazer design*, Saraiva, 2013, cap. 2

em análises frias baseadas em custos ou capacidade de produção, e o segundo por gestores ligados a conceitos mais etéreos, como inovação e design, que costumam adotar critérios e propor soluções com base em criatividade, elegância, usabilidade, beleza, inventividade e encantamento.

Edson chama a atenção para o fato de que o triunfo da Apple está ligado a uma cultura empresarial construída pelo segundo tipo de executivo, que prioriza a produção de itens com maior valor agregado, capazes de gerar altas margens de lucro. Por isso, seu interesse está em vender o maior número de unidades possível. Como a política é ter um portfólio de produtos com poucos modelos, cada item da marca deve ser extraordinário a ponto de as pessoas não se importarem em pagar muito para ter um.

"É por meio da inventividade que a complexidade se torna uma elegância simples nas mãos de um cliente, gerando um intenso envolvimento emocional", afirma Edson em seu livro, *O jeito Apple de fazer design*. "A Apple faz de tudo para solucionar problemas com simplicidade – ou pelo menos para chegar a soluções que pareçam simples –, mas, na verdade, dá muito trabalho sustentar essa aparente simplicidade. Isso é elegância, soluções simples para problemas complexos", descreve o autor.

O fato é que essa preocupação com elegância é transversal na Apple. A maior prova de que *spezzatura* integra o DNA da empresa está em uma declaração de Steve Jobs de 1997, em um discurso na World Wide Devolpers' Conference: "É preciso começar com a experiência do cliente e, a partir daí, retroceder na direção da tecnologia". Jobs disse isso depois de voltar para a Apple, durante seu processo de simplificar as linhas de produto, que haviam ficado muito confusas durante os anos em que esteve fora do comando da empresa.

Eficiência

Essa abordagem que privilegia a relação íntima e indissociável entre forma e função é um dos traços distintivos do minimalismo e da Bauhaus, fortes influências da Apple desde sempre. Em 1997, quando Jobs voltou para a empresa, ele deu mais poderes ao responsável pelo departamento de design da empresa, Jony Ive, tornando-o vice-presidente sênior. Jobs e Ive compartilhavam uma profunda admiração pela escola de design alemã Bauhaus e por sua visão funcionalista em relação ao design. Para os filhos da Bauhaus, é fundamental separar o que "é meramente arbitrário daquilo que é essencial e típico, permitindo ao espírito criativo construir o novo sobre a base tecnológica disponível"[34].

Esse empoderamento da visão da Bauhaus ocorreu alguns meses antes do lançamento do iMac, a versão do famoso Macintosh criada para a era da internet, e certamente se refletiu na proposta do produto. O iMac trazia uma mudança externa tão poderosa quanto as evoluções de software e hardware que trazia internamente: era feito de plástico transparente bicolor, com uma parte colorida em tons fortes e vibrantes, uma subversão bastante eloquente quanto aos diferenciais de modernidade do produto.

Essa transparência literal do produto contrastava com os processos internos da empresa. Na Apple, o sigilo é visto como a alma do negócio. Por isso, cada equipe trabalha na parte do projeto para a qual foi designada. Muito poucos têm a visão completa dos projetos. Essa dinâmica é bastante eficiente em um mercado tão competitivo, e dialoga bem com o fato de a empresa trabalhar com um portfólio de produtos relativamente pequeno.

Em 2010, Tim Cook, atual CEO da Apple, disse, em uma conferência organizada pelo banco de investimentos Goldman Sachs, que dava para colocar todos os produtos da empresa em uma mesa e ainda assim faturar US$ 40 bilhões por ano. "Somos uma empresa focada. Rejeitamos boas ideias todos os dias; rejeitamos excelentes ideias para manter nosso foco restrito em poucas coisas", disse Cook para sua audiência.

34. EDSON, John. *O jeito Apple de fazer design*, Saraiva, 2013

No entanto, pode parecer estranho que uma empresa tão focada tenha uma rede de lojas de varejo – afinal, a Apple poderia distribuir seus produtos pela internet ou por redes varejistas. Só que, além de ter lojas físicas, a fabricante de computadores se deu ao trabalho de criar espaços que se tornaram ícones no mundo do varejo.

Eloquência

A explicação para essa "distração" que é ter uma rede de lojas diz respeito à aplicação dos quatro Es. Para uma empresa que prioriza o consumidor acima de tudo, faz todo o sentido receber esse cliente em seu próprio território e exibir seus produtos da melhor maneira possível: como peças de arte. Isso é elegante. Além disso, é o jeito mais simples, direto e eficiente de ter contato com o consumidor (relacionamento), de saber do que ele gosta mais e quanto está preparado para pagar (pertinência) e também de suas dificuldades em relação aos produtos e até suas queixas (verdade/transparência). Todas as lojas têm o Genius Bar, em que os usuários pedem conselhos para otimizar a utilização de seus equipamentos ou podem fazer suas reclamações. Essa é uma forma de, ao mesmo tempo, prestar serviço e fazer pesquisa de campo. Tanto a prestação de serviço quanto a busca por *feedback* fazem parte da filosofia de colocar o cliente em primeiro lugar em todas as fases do processo produtivo.

Nesse sentido, as lojas são eloquentes porque, ao se colocarem como uma manifestação concreta dos conceitos da empresa, envolvem o consumidor na estética do mundo Apple.

Uma loja toda branca e com iluminação especial mostra o quanto a empresa é diferente não só de seus concorrentes quanto de tudo o que existe no mercado. Em termos visuais, uma loja Apple está mais próxima de um museu interativo do que do ambiente prosaico dos grandes varejistas que vendem

PCs e que apresentam produtos eletrônicos de tecnologia em prateleiras semelhantes às de supermercados ou lojas de material de construção.

Quem entra nos grandes varejistas para comprar equipamento entra em um hipermercado mal iluminado e cheio de cartazes de ofertas; já quem vai a uma loja Apple, entra em um templo.

A primeira Apple Store foi inaugurada em 19 de maio de 2001, nos Estados Unidos. Catorze anos depois, já eram mais de 420 lojas mundo afora. Juntas, essas lojas vendem mais de US$ 16 bilhões em mercadoria (valores apurados em 2011) e com isso se tornaram as líderes de receita em vendas por segmento nos Estados Unidos. Nada mal para uma empresa que originalmente não é da área de varejo.

E o sucesso se repete em outros mercados também. A Apple Store da Regent Street, em Londres, foi a primeira aberta na Europa, em 2004. Ainda hoje é a loja mais lucrativa de Londres, com a maior receita em vendas por metro quadrado da capital da Grã-Bretanha.

Além do visual todo branco e da iluminação especial, as lojas da Apple trazem novidades em design como as escadas de vidro, patenteadas por Steve Jobs em parceria com os arquitetos da empresa Bohlin Cywinski Jackson e com os engenheiros da Eckersley O'Callaghan Structural Design.

Há quem critique o fato de que, a cada novo lançamento mundial, as pessoas façam filas nas lojas para comprar a novidade e que as filas continuem por semanas. Em vez de ser visto como um problema, esse fato deve ser analisado como um desdobramento eloquente da eficiência da empresa. Quem está na fila sabe que pode comprar o equipamento por outros meios, mas fica lá porque quer ter a experiência de comprar na loja. Uma fila na porta da Apple Store é como uma fila para entrar em um brinquedo da Disney: as pessoas não precisam estar lá, estão pelo desejo de viver uma experiência que valorizam.

Êxito

A combinação de lançamentos de alta tecnologia com a habilidade de empoderar seus clientes fiéis fez com que a Apple continuasse a se valorizar continuamente como empresa e como marca. Em 2013 e 2014, foi considerada a marca mais valiosa do planeta de acordo com o ranking da Interbrand, ostentando, em 2014, valorização de 21% em relação a 2013. Em valor, a marca atingiu US$ 118 bilhões. A segunda colocada foi o Google, com valor de US$ 107 bilhões e valorização anual de 15%. A Microsoft, enquanto marca, ficou em 5º lugar, com valor total de US$ 61 milhões.

Esses dados mostram claramente que, embora a Microsoft tenha uma presença de mercado quantitativamente superior à da Apple, em termos de carisma e valor de marca a empresa de Steve Jobs equivale a duas Microsoft ou praticamente ao valor somado de Microsoft (US$ 61 bilhões), Disney (US$ 32 bilhões, 13º lugar do ranking) e Oracle (US$ 25 bilhões, 16º lugar).

A soma dos resultados financeiros, da reputação da empresa e do desejo dos consumidores pela marca – os elementos do êxito – fica clara diante da análise da performance da Apple no ranking apurado pela Interbrand.

Outro elemento que reafirma a postura da empresa é a sua habilidade de fazer com que o sucesso seja apenas o trampolim para o futuro. Recentemente, o atual CEO, Tim Cook, afirmou que sua próxima cruzada será para fazer com que os celulares substituam as carteiras. Algo que, vindo dele, parece muito provável e até mesmo iminente.

Tudo isso prova que a visão minimalista da empresa vai muito além do design e perpassa transversalmente tudo que a empresa faz, porque está firmemente enraizado em seu DNA.

Em uma entrevista dada ao *The Wall Street Journal*, Steve Jobs declarou que "A Apple é a maior *startup* do mundo". Essa afirmação mostra claramente que a visão do fundador da empresa sobre o sucesso está alinhada com os fundamentos do êxito, o que significa que cada sucesso alcançado corresponde um recomeço, um novo ciclo em que é preciso atender aos requisitos de elegância, eficiência e eloquência.

Matriz SEM para a Apple

Elegância

1. **Simplicidade** – nota máxima: 10
   Produtos desenhados com o máximo de simplicidade na estética e na operação, o que se converte em algo extremamente sofisticado em um mercado em que o excesso de botões e comandos é visto como natural.
2. **Harmonia** – nota máxima: 10
   Além da harmonia estética, a empresa demonstra ser capaz de harmonizar forma e função, arte e tecnologia, linhas clássicas e modernidade.
3. **Unidade e identidade** – nota máxima: 10
   Não é preciso achar o logotipo para descobrir que um produto é Apple. Tudo o que empresa faz é dotado de identidade visual e operacional. Isso vai de detalhes do hardware até as embalagens dos produtos e inclui a experiência real proporcionada pelas lojas da empresa, que traduzem os parâmetros estéticos dos produtos em um ambiente único e coerente com as outras experiências produzidas pela marca.

Eficiência

4. **Inteligência** – nota 10

   Criação de novas categorias (iPod e iPhone) que aliam conceitos conhecidos dos consumidores com inovações que eles consideram agregar grande valor à experiência.

5. **Fluidez** – nota ?

Descentralização nos processos produtivos. Algo que faz parte do sistema de produção globalizada.

6. **Sustentabilidade** – nota 5

   Para mudar sua imagem de empresa poluidora[35], a Apple passou a receber produtos para reciclagem e a classificar seus produtos em quatro categorias: mudanças climáticas (aspectos relacionados à emissão de carbono de cada ciclo de vida dos produtos); substâncias de uso restrito (sem esconder que na fabricação dos produtos são utilizadas substâncias tóxicas); eficiência no consumo de energia e eficiência de material. Esse esforço não significa que a empresa tenha se tornado uma empresa verde, mas demonstra cuidado com o ambiente e uma visão de futuro em relação aos impactos ambientais que causa.

Eloquência

7. **Verdade e transparência** – nota 10

   A empresa lança produtos com alto coeficiente de inovação e tende a cumprir o que promete. Quando se identifica algum problema com a localização da antena do iPhone II, por exemplo, a empresa se apressa em assumir o erro e corrigi-lo.

8. **Pertinência** – nota 10

   Desde os primeiros tempos, a Apple busca a relevância em seu contato com o consumidor. Seja ensinando o que seus produtos são capazes de fazer (como fez nas campanhas do Macintosh nos anos 1980) ou apontando as mudanças comportamentais que eles provocariam (campanha do iPod, em 2001), a empresa sempre soube se colocar para o consumidor na medida certa, sem entediá-lo com excesso ou deixá-lo desnorteado sem informação sobre a proposta de valor de cada produto.

35. http://www.ecodesenvolvimento.org/posts/2014/de-vila-a-exemplo-de-boas-praticas-apple-vira?tag=empresa-sustentavel

9. **Relacionamento** – nota 10
Na busca por desenvolver importantes pontos de contato com seus clientes, a empresa propôs a Apple Store, que se mostrou uma forma tangível de viver a experiência do mundo Apple. Além da sensação que a arquitetura de interiores da loja traz, a empresa criou o Genius Bar, um balcão de informações em cada loja voltado a ajudar a otimizar a experiência dos usuários dos produtos ou de resolver problemas.

Êxito

10. **Resultado financeiro** – nota 10
A Apple vem colecionando recordes de vendas e rentabilidade. O mais recente foi o do primeiro trimestre do ano fiscal iniciado em setembro de 2014, em que vendeu 74,5 milhões de iPhones. Traduzidas em dinheiro, as vendas da Apple somaram US$ 74,6 bilhões, o que levou ao lucro líquido recorde de US$ 18 bilhões. Além disso, as lojas Apple têm liderado as vendas por metro quadrado em boa parte das cidades em que estão presentes.
11. **Reputação** – nota 10
A despeito dos temores de alguns analistas de que a empresa perderia o ritmo depois da morte de seu fundador, a Apple tem se mantido lucrativa para seus acionistas e continua a ser a principal referência no mercado de tecnologia.
12. **Desejo de marca** – nota 10
Além das vendas recordes de produtos – um importante atestado de desejo pela marca – a Apple foi considerada a marca mais valorizada do planeta nos anos de 2013 e 2014 pelo ranking da Interbrand de marcas globais. Teve valorização de 21% entre 2013 e 2014 e alcançou o valor de US$ 118 bilhões.

CAPÍTULO 10

Como deixar sua estratégia mais leve

Agora que você já sabe o que é essencial para aplicar bem o SEM e fazer com que sua empresa tenha Elegância, Eficiência, Eloquência e sempre chegue ao Êxito, chegou a hora de desenvolver estratégias para que rotinas inúteis não brotem em sua rotina corporativa.

A primeira coisa a fazer é abrir a janela mental para efetivamente compreender o desapego.

Parece algo espiritual demais para ser aplicado no mundo dos negócios, mas, acredite, tem tudo a ver.

Velhos rituais corporativos são um esforço inútil e deletério.

Mas é preciso reconhecer que nem sempre é fácil identificar o que está atrapalhando a concretização de uma empresa ágil e leve. Essa dificuldade se deve ao que os psicólogos batizaram de paradoxo da escolha. O mecanismo é simples: a cada escolha corresponde uma renúncia. O problema em escolher é que é da natureza humana não deixar para trás o que aparentemente lhe traz conforto. Por isso, mesmo sabendo que aquilo pode ser inútil, a pessoa preserva o objeto ou hábito. O nome disso é apego.

Nos bebês, a psicologia do apego descreve a fase que vai dos seis meses aos dois anos, em que a criança só se sente forte para explorar o mundo quando sabe que tem um colo para o qual voltar. Isso é normal e desejável. Mas, conforme a pessoa amadurece, a incapacidade de se livrar de tudo o que possa lhe trazer algum conforto psicológico pode se transformar em distúrbio de acumulação.

Quando se vê na televisão reportagens sobre acumuladores, gente que vive em casas entulhadas de badulaques inúteis, a reação é de espanto e pena. Entretanto, a maior parte dos profissionais não percebe que é um acumulador de rotinas profissionais tão inúteis quanto uma colher sem cabo ou uma xícara quebrada.

Vale lembrar que esse tipo de apego ao que já é obsoleto contrasta com o respeito ao que é eficiente.

Carregar conceitos e rotinas desatualizadas só penaliza sua empresa. Por outro lado, mais leve e ajustado à realidade, o seu marketing tem melhores chances de atingir suas metas.

Por isso, vamos mostrar nove lições sobre como manter sua empresa alinhada com os princípios do minimalismo:

1. **Avalie seus compromissos**

   O que sua empresa se propõe a entregar? Qual é realmente o seu negócio? O McDonald's está mais no negócio de entretenimento no que de alimentação. A Zara está mais no negócio de logística do que no de moda. As Casas Bahia estão mais no ramo de financiamentos do que de varejo tradicional. Definir quais são os compromissos primordiais de sua empresa traz clareza e mostra qual é a mensagem a ser veiculada tanto para consumidores como para parceiros e fornecedores.

2. **Objetivos definidos trazem o sucesso**

   Pode parecer contraditório, mas quanto maior o número de objetivos definidos por uma empresa, maior sua chance de se perder. Simplificar suas metas é o primeiro passo para alcançá-las.

3. **Privilegie a qualidade, e a quantidade virá como consequência**

Ser minimalista significa buscar a excelência sem desperdício, que é uma das formas de se definir qualidade. Preocupadas em colecionar números, as empresas se esquecem de avaliar que é a qualidade de um produto ou serviço que define as suas vendas e não o contrário.

4. **Sempre pergunte: isso vai simplificar a vida do cliente?**
A criatividade pode ser a melhor amiga ou a maior sabotadora de um gestor que deseja que sua empresa voe alto. Para separar o joio do trigo, nada melhor do que se perguntar se o que está sendo feito vai facilitar a vida do cliente.

5. **Comunique o essencial**
Vivemos na era do excesso. A cacofonia de mensagens de marca é cada vez maior e provoca apenas o entorpecimento dos receptores. Os consumidores tendem a ignorar quem fala demais. Cabe ao gestor de marketing cuidar para que a mensagem primordial de sua empresa seja sempre ouvida e compreendida, e lutar para a relevância na comunicação. Hoje, as pessoas têm cada vez menos espaço mental para reter detalhes.

6. **Orçamentos simples trazem resultados claros**
Um dos desafios do gestor é saber o que fazer com sua verba e a filosofia minimalista pode ajudar muito na definição do que é realmente relevante a ponto de receber uma dotação orçamentária.

7. **Sacrifique o que não contribui**
Abrir mão de rotinas, ideias e produtos que perderam a eficácia, a relevância ou o apelo de mercado não é fácil, mas é necessário. Sacrificar o que já não tem função é um ato de sabedoria, não de desperdício.

8. **Simplifique com segurança**
Livrar-se do que não é útil é um exercício de inteligência. Destituir um produto ou estratégia de aspectos fundamentais de segurança é suicídio. Perceber a diferença entre uma situação e outra representa o grande desafio.

9. **Aprenda a dizer 'não'**
   Há variações de produto, segmentações de mercado e até oportunidades de negócio que não vão contribuir para o futuro de sua empresa. Só servem para gerar perda de foco e, no longo prazo, prejuízo. Por isso, dizer não para essas tentações passa a ser um dos grandes desafios dos gestores.

Essas nove lições são como postos de parada no caminho para uma atitude minimalista que pode ser definida como viver com o que é realmente necessário, com foco no que é realmente bom, sem desperdício de recursos e de energia criativa. E, no marketing, ter como meta principal a satisfação dos seus clientes. A partir de agora, vamos olhar com mais cuidado cada uma dessas lições.

Lição 1: Avalie seus compromissos

Definir quais são os compromissos primordiais de sua empresa traz clareza e mostra qual é a mensagem a ser veiculada tanto para consumidores como para parceiros e fornecedores. Esse exercício vai revelar com clareza quais são os *drives* da sua empresa. Ou seja, os pontos de referência que a sua empresa deve ter como parâmetro para a tomada de decisões.

Esses direcionamentos surgem a partir de uma análise fria e descomprometida da real vocação de sua empresa.

O que sua empresa se propõe a entregar? Qual é realmente o seu negócio?

Por exemplo, o McDonald's está mais no negócio de entretenimento do que de alimentação. Por isso, justifica seu investimento milionário na compra de direitos de licenciamento de personagens de filmes infantis para utilização em campanhas de vendas de sanduíche.

A Zara está mais no negócio de logística do que no de moda. Portanto, é mais importante produzir e distribuir rapidamente uma tendência que aparece na passarela do que fazer pesquisas para determinar tendências de moda. A preocupação da loja não é traduzir prioridades estéticas ou transformar anseios da alma em vestimentas. Sua prioridade é trazer semanalmente novidades para suas clientes de modo que elas possam se expressar por meio de suas escolhas de vestimenta.

A filosofia minimalista propõe a valorização da essência, daquilo que fundamenta a ação, que justifica a existência, que inspira o pensamento. Por isso, muitas vezes, é preciso analisar em profundidade o que aparentemente é obvio no momento de avaliar seus compromissos.

O fato é que, no mundo de hoje, a maior parte das coisas vem recobertas por diversas camadas acessórias que nos distraem do que é realmente importante, e isso exige que façamos um exercício constante de entender o que é fundamental para nos reconectarmos a esses elementos.

Vamos analisar um exemplo bem comum: o casamento. O essencial do casamento é a união de duas pessoas para a construção de um futuro comum baseado no amor. Mas, por cima dessa essência, há diversas camadas de convenções sociais que desviam a atenção desse compromisso fundamental. Pessoas que passam por casamentos-relâmpago, que se desfazem depois de alguns meses, costumam dizer que o relacionamento já não ia bem tempos antes do enlace, mas que os sinais de perigo acabam soterrados em meio às providências para decorar o apartamento em que o casal ia morar e os preparativos para a cerimônia. Enfim, as noivas prestavam mais atenção na lista de presentes do que na presença do noivo, havia mais paixão na escolha do vestido do que em um encontro a dois e mais dedicação na escolha do menu do jantar de casamento do que nos sinais emocionais que seu noivo está emitindo.

Pois bem, essa "Síndrome da Noiva" acontece com mais frequência entre executivos do que seria saudável para o mercado.

No mundo corporativo, não é raro que departamentos, a diretoria ou mesmo o conselho das empresas entrem de cabeça em projetos que nada tem a ver com o compromisso fundamental da empresa em relação aos seus clientes.

No caso da Xerox, por exemplo, teoricamente o compromisso da empresa era facilitar o andamento dos processos dentro das empresas. Por muitos anos, as copiadoras eram as estrelas desse tipo de missão. Eliminavam as cópias em carbono, permitiam que todos tivessem acesso aos mesmos documentos, enfim, auxiliavam a dinâmica interna das empresas.

Só que a evolução dos softwares mudou as rotinas nos escritórios e o que antes era copiado, passou a ser impresso. Não é que a Xerox estivesse alheia a esse desdobramento tecnológico e comportamental. Na verdade, uma visita de Steve Jobs e Steven Worzniak à Xerox passou para a história da computação como um momento que deu à dupla da Apple uma série de *insights* sobre os caminhos a seguir a partir de estudos que estavam sendo desenvolvidos no famoso laboratório da empresa. Mas, se foi assim, por que a Xerox não tomou a liderança em tecnologia da informação voltada para escritórios?

A resposta é simples: a Xerox não soube redirecionar seu compromisso primordial, que era ajudar a dinâmica dos escritórios, e focou na superfície, que era a receita vinda das vendas de papel e tinta para copiadoras e o *leasing* das máquinas. Dizer que foi irresponsável focar no que era lucrativo pode soar absurdo, mas não é. Uma empresa que busca longevidade precisa ter a sua verdade essencial, que é o seu compromisso com o mercado, como fonte geradora de sua estratégia de longo prazo e de todas as suas ações. No momento em que ela perde isso de vista, corre o risco de entrar em uma espiral negativa que vai terminar com a falência.

Os exemplos são inúmeros e podem acontecer com empresas de todos os portes e setores.

Se a padaria que funciona na esquina de sua casa criou também uma lanchonete, uma pizzaria e um empório, ela aparentemente cresceu. Mas, para saber se continua a cumprir seu compromisso essencial, é preciso verificar se o pãozinho ainda é gostoso, se está sempre fresquinho e se o atendimento no balcão e no caixa é ágil e simpático.

O compromisso de uma fábrica de picolés é trazer um momento de descontração e autorrecompensa, cinco minutos de volta à infância. Então, mesmo que o produto tenha passado por um processo de sofisticação com ingredientes requintados, alguma coisa na marca ou na experiência precisa ser capaz de provocar uma memória infantil, de dialogar com essa expectativa de viver uma experiência de volta a um tempo em que contagem de calorias ou recomendações médicas eram irrelevantes. No caso do fabricante de picolés, o compromisso é com essa fantasia e não com a questão nutricional.

A rede brasileira de varejo Casas Bahia sempre teve como compromisso permitir que as pessoas conseguissem comprar produtos para decorar e equipar os seus lares. Sendo assim, criou formatos próprios de análise e concessão de crédito que passavam ao largo das práticas de mercado. A empresa financiava produtos para quem não tinha carteira de trabalho assinada nem podia apresentar um contracheque, pois sabia que muitos de seus clientes não trabalhavam na economia formal. A rede de lojas compete com outras em termos de preços e ofertas, mas mantém como diferencial viabilizar a compra para quem não tem como conseguir crédito em outras redes de lojas de varejo. O compromisso da rede é com essa facilidade de crédito. No dia em que isso desaparecer, o diferencial da rede some.

Assim, o primeiro passo para manter uma atitude minimalista é saber avaliar os compromissos assumidos com seus clientes e adequar toda a sua estratégia a esse compromisso primordial. Tenha sempre em mente que seu foco deve ser no amor e não na cerimônia de casamento.

Lição 2: Aprenda a dizer não

Há variações de produto, segmentações de mercado e até oportunidades de negócio que não vão contribuir para o futuro de sua empresa. Só servem para gerar perda de foco e prejuízo. Por isso, dizer não para essas tentações passa a ser um dos grandes desafios dos gestores.

Vivemos em uma era em que quase tudo é possível. Isso dá uma liberdade imensa, mas também pode complicar a vida de quem tem dificuldade em dizer não.

Lançado em 2015, o filme *Everest*, dirigido pelo finlandês Baltasar Kormákur, conta a história real do alpinista neozelandês Rob Hall, que foi o pioneiro em levar grupos para subir ao ponto mais alto da Terra. Além do visual, o filme é uma grande lição sobre a importância de saber dizer não, de seguir a lógica e dizer não mesmo que a emoção o incline para o sim.

Existe uma grande mística em relação ao não. A maior parte das pessoas se diz apta a isso, mas a grande verdade é que as pessoas não conseguem avaliar corretamente a própria habilidade de dizer não. Existe uma espécie de miopia em relação a essa palavra.

Além de afetar a vida de cada um individualmente, a incapacidade de dizer não acaba contaminando as empresas de forma endêmica. Os funcionários nunca dizem não para seus chefes, os chefes não dizem não para os diretores e a diretoria sempre aceita o que o conselho diz.

Se os nãos não fluem de baixo para cima na escada corporativa, as empresas acabam perdendo. Os funcionários nunca dizem para o chefe que uma diretiva não vai funcionar. Para não ter de contrariar a chefia, deixam o plano dar errado, o que obviamente implica em prejuízo para a empresa.

A incapacidade de dizer não acaba se tornando uma cultura dentro da empresa e mesmo as ideias menos inteligentes acabam prosperando por falta de negativas.

O minimalismo se baseia na habilidade de dizer não. Na capacidade de separar o que é importante e essencial do que é apenas legal ou, o que é ainda mais grave, do que só parece um benefício, mas, na verdade, é uma fonte de prejuízo.

Portanto, é na hora de analisar a diversificação dos investimentos que a capacidade de dizer não ganha importância ainda maior.

Um caso interessante foi protagonizado pela fabricante de brinquedos de origem dinamarquesa Lego. Fundada em 1932 visando a fabricar brinquedos com blocos de madeira, nos anos 1950 a empresa mudou de material: passou a usar o plástico. A versatilidade do jogo e a parceria com os fãs – a empresa entrava com as peças, mas a criatividade e a habilidade para montar os brinquedos eram das crianças – fez com que a empresa alcançasse prestígio e status em todo o mundo. A marca Lego[36] se tornou, em 2015, a 83ª mais valiosa do mundo no ranking Best Brands, da Interbrand. Mas, para a família Kirk Kristiansen, fundadora da empresa e ainda no comando, a vitória veio depois de um *crash course* na habilidade de construir nãos.

36. http://money.cnn.com/2015/10/05/news/companies/lego-brand-value/index.html

No fim dos anos 1990, a indústria de brinquedos passou por uma crise de identidade provocada pela mudança nos hábitos das crianças. Os brinquedos eletrônicos haviam roubado a cena e era preciso reagir.

A Lego partiu de seu patrimônio imaterial, que era a paixão de milhões pela marca, e resolveu investir uma grande fatia de seu patrimônio financeiro em uma série de iniciativas para ampliar sua presença junto aos pequenos, entre as quais estavam parques temáticos Legoland, jogos eletrônicos e roupas. Ao que parece, todas as ideias que surgiram foram implementadas. A impressão que se tem enquanto observador externo é que a palavra *não* foi esquecida durante todo o processo de diversificação.

Mas, quando não se diz não dentro da empresa, o mercado acaba dizendo por ela. Assim, parques, eletrônicos e roupas não trouxeram o resultado esperado. E mesmo os brinquedos de montar, que eram o começo de tudo, não estavam mais agradando tanto. Alguns fãs diziam que os brinquedos vinham prontos demais, tirando o protagonismo de quem desejava montá-los.

O fato é que neste fim do segundo milênio, a empresa havia se distanciado tanto de seu propósito original que chegou a interromper a fabricação de seu produto mais clássico: o balde de peças.

O não do mercado foi eloquente. E se fez ouvir no faturamento. O bom foi que a empresa se inspirou e passou a dizer não para o que não estava dando certo, mergulhando em um processo de retorno às suas origens que, inclusive, determinou a volta do baldinho de peças em 2005.

O processo de reestruturação foi baseado na habilidade de dizer não e de eliminar o que estava custando dinheiro. Foi implementado um plano de ação em 10 passos:

1. **Não ao excesso de oferta:** racionalização do portfólio por meio de um corte de 30% na oferta de produtos;
2. **Não aos altos custos:** redução dos custos básicos.
3. **Não aos investimentos de retorno em longo prazo:** diminuição da velocidade do programa de implementação de lojas.

4. **Não aos grandes investimentos:** fim dos parques.
5. **Não à perda de foco:** revisão das estratégias não alinhadas ao DNA da empresa, como, por exemplo, vender computadores nas lojas.
6. **Não à aposentadoria dos clássicos:** retomada da fabricação de grandes sucessos de vendas, como DUPLO.
7. **Não à falta de metas:** determinação de objetivos de rentabilidade para cada linha de produtos.
8. **Não à distância do distribuidor:** priorizar os varejistas que distribuem o produto.
9. **Não à incompreensão do usuário:** realização de pesquisas para entender o que o usuário realmente deseja.
10. **Não à segmentação equivocada:** lançamento de linhas temáticas e do atendimento aos diferentes tipos de admiradores da marca.

Foi dizendo todos esses nãos que em pouco mais de uma década a Lego saiu de uma situação de prejuízo para a de maior fabricante de brinquedos do mundo em receitas e lucro em 2014. Dizer todos esses nãos não a tirou do rumo da inovação. Pelo contrário! Hoje a empresa é vista como exemplo, porque está indo além de uma ser uma fabricante de brinquedos para se tornar uma marca de entretenimento. O lançamento do *The Lego Movie* é um sinal claro dessa evolução que se mantém coerente com a origem da empresa. O filme tem como ponto de partida o que há de mais fundamental na empresa, que são os blocos de montar.

Outras iniciativas, como o Lego Digital Designer, que é um programa que permite ao usuário projetar o que quer construir com os blocos, é uma forma inteligente de atualizar a experiência Lego preservando o empoderamento do usuário e intensificando a parceria entre a fabricante dos blocos e os construtores dos brinquedos.

Esse diálogo, que faz parte da elegância da empresa, tornou-se um dos grandes bens imateriais da marca e já deu provas de também ter valor prático. Quando o código do robô Mindstorms foi roubado por hackers, a Lego aprendeu com a experiência e passou a colaborar com seus fãs adultos.

Tudo isso mostra que aprender a dizer não nada tem a ver com parar no tempo ou se tornar avesso à inovação. A função corporativa do não é evitar desgastes e investimentos desnecessários.

Lição 3: Comunique o essencial

Em comunicação, definitivamente, menos é mais.

As mensagens são melhor compreendidas quando são mais simples, quando têm menos elementos.

Isso é um fato fácil de provar com uma experiência prática. Bandeiras de sete países são apresentadas para uma pessoa aleatória, de qualquer faixa etária ou nível de escolaridade. Vamos dizer que sejam bandeiras de Alemanha, Brasil, Espanha, Estados Unidos, França, Inglaterra, Japão, Portugal e Rússia. Quando se pede para as pessoas desenharem o que viram, dá para ter uma ideia bem clara da capacidade de retenção de informação.

O resultado não varia muito. Quase todo mundo acerta a bandeira do Japão: fundo branco com círculo vermelho no centro. O design minimalista ajuda a reter todas as informações e permite que sejam reproduzidas com precisão. A bandeira significa o nascer do sol no mar, algo bem significativo para uma nação formada por ilhas.

As bandeiras da França e da Itália, que se caracterizam por três faixas verticais, são lembradas em termos de forma, mas como cada uma tem três cores, as pessoas confundem sua ordem. As da Alemanha e Rússia, com três faixas horizontais, também geram dúvidas quanto à ordenação das cores.

Brasil, Estados Unidos e Inglaterra geram muita tensão, porque as pessoas lembram das cores e até das formas, mas os detalhes são muitos e elas se perdem.

Quantas listras tem a bandeira americana? Quantas estrelas? Como cada estrela representa um estado, quem lembra que são 50 já se sente melhor, mas volta a ficar inseguro em relação ao número de fileiras de estrelas. Em relação às listras, a maior parte das pessoas não sabe quantas são e nem quantas são vermelhas ou brancas. Ao todo são 13 listras, sendo 7 vermelhas e 6 brancas, representando as 13 colônias inglesas que deram origem à nação estadunidense. A bandeira é o símbolo oficial do país desde 14 de junho de 1777, mas foi ganhando estrelas até que, em 1960, a 50ª foi incorporada, representado o Havaí. Tudo isso é muito bom de saber e ajuda a tentar reproduzir a bandeira.

Na bandeira inglesa a ordenação das listras, a variação de largura das faixas, tudo isso complica a vida de quem tem de desenhá-la. A simbologia da bandeira é eloquente. A cruz vermelha sobre fundo branco foi, por séculos, o símbolo da Inglaterra e era chamada de Cruz de São Jorge, padroeiro do país. A cruz branca em formato de "X" é chamada de Cruz de Santo André e foi adotada pelos escoceses como seu símbolo. Já a terceira cruz, vermelha em forma de "X", é a Cruz de São Patrício e é o símbolo da Irlanda. Saber o significado ajuda a ordenar as ideias, mas não elimina as dúvidas na hora de reproduzir o desenho.

No caso do Brasil, as dúvidas são muitas e envolvem o formato da faixa branca, o texto que vem dentro dela e o posicionamento das estrelas que reproduz as constelações.

As bandeiras de Portugal e Espanha são consideradas quase impossíveis de reproduzir, pois carregam brasões de desenho sofisticado. Na bandeira espanhola, o tamanho das faixas horizontais não é o mesmo, a amarelo-ouro é mais larga, mas é difícil saber a proporção. O brasão significa a união dos reinos de Leão, Castela, Navarra e Aragão, e não é exatamente fácil de desenhar. A bandeira portuguesa também representa um desafio, pois carrega um brasão e é dividida em duas cores, mas a divisão não fica no meio, e sim deslocada em uma proporção peculiar. O brasão fica no meio das duas cores predominantes, mas a bandeira apresenta seis cores oficiais: vermelho, verde, amarelo, branco, azul e preto. Diante de tanta informação, mesmo sendo toda ela relevante, é difícil reter tudo.

Há milênios as bandeiras atuam como símbolo de identidade e também como veículo de informação.

O que acontece com as bandeiras também acontece com outros tipos de mensagem. São absorvidas de forma mais eficiente as mensagens mais simples. Explicar o significado ajuda, mas se a forma for complexa a tarefa de reproduzir a mensagem fica mais complicada. Ou seja, se a forma for eloquente, a comunicação ocorre de forma imediata e nítida.

A bandeira da Espanha traz sua história em seu brasão, a do Brasil, a sua posição geográfica e um lema para o futuro nas palavras "ordem e progresso", a dos Estados Unidos mostra a força da união de suas estrelas. Por trás de cada bandeira há uma história interessante, mas que precisa ser contada, dependendo do tempo e da atenção das pessoas para ser absorvida. E aí é que está o nó.

Atenção é o bem mais escasso dos dias de hoje. A cacofonia de mensagens de marca é cada vez maior e provoca apenas o entorpecimento dos receptores. Os consumidores tendem a ignorar quem fala demais.

Cabe ao gestor de marketing cuidar para que a mensagem primordial de sua empresa seja sempre ouvida e compreendida, lutando pela relevância na comunicação.

Quando há muita informação, as pessoas têm dificuldade para reter a mensagem. E por que vale a pena lutar para que as pessoas retenham a informação relativa a uma marca ou produto? Porque, cada vez mais, o boca a boca presencial ou virtual define as decisões de compra das pessoas.

Por isso, ser minimalista – elegante, eficiente e eloquente – é fundamental para obter o êxito em ações de marketing.

Quanto mais longa e detalhada for uma história, mais difícil é manter a atenção de seu público. O que pode mudar um pouco o cenário é acrescentar alguma emoção à narrativa.

Por exemplo, quando se diz que a Cruz de São Jorge, que é a bandeira da Inglaterra e base da bandeira da Grã-Bretanha, surgiu da lenda desse santo, que teria salvado uma princesa de um dragão e que, depois de matá-lo, usou seu sangue para fazer uma cruz em seu escudo que era branco, o fator aventura, lenda e emoção prende a atenção de quem ouve.

Essa é a razão pela qual tantas marcas têm recorrido às técnicas de narrativa – o *storytelling*– para se comunicar com seu público-alvo. Buscar reter atenção por meio da emoção ou pelo humor vem sendo um recurso cada vez mais utilizado, mas que também corre o risco de virar paisagem.

Não é mera coincidência: as marcas mais lembradas pelos consumidores são as que apresentam mensagens mais simples. No Brasil, em 2015, as *top brands*[37,38] foram: Coca-Cola, Nestlé, Nike, Omo e Samsung. Todas trazem mensagens bem simples. Algumas, como Coca-Cola e Nestlé, nem precisam de seus slogans para ficar na cabeça das pessoas. A Nike tem o slogan mais simples do mundo: *Just do it!* Mas sua força está nos pés de seus consumidores. Há décadas, Omo diz a mesma coisa: lava mais branco. E essa mensagem vem sendo reproduzida pelos consumidores. Samsung está nos celulares e, portanto, nas mãos de muitos consumidores. Essa é uma mensagem simples e forte.

O fato é que as pessoas querem informação e não se importam em passá-la adiante desde que consigam fazer isso sem se sentirem incomodadas. Por isso, quando for pensar em um briefing ou aprovar uma ação ou campanha de comunicação, lembre-se do exercício das bandeiras e procure ficar o mais próximo possível do exemplo da bandeira do Japão.

Colocar apenas uma informação em uma peça de comunicação, como uma bandeira ou um anúncio, é uma das formas mais elo-

37. http://fotografia.folha.uol.com.br/galerias/39626-vencedores-do-top-of-mind-2015
38. http://www1.folha.uol.com.br/internacional/en/brazil/2015/10/1699507-folha-top-of-mind-award-celebrates-25-years-of-brand-memory-survey.shtml

quentes de dizer alguma coisa. Um dos exemplos mais emblemáticos disso é a campanha Think Small, para o VW Beetle, aqui conhecido como Fusca, da Volkswagen. Criada em 1959 pelo diretor de arte Helmut Krone e pelo redator Julian Koenig da agência DDB (Doyle Dane Bernbach), a campanha foi eleita a melhor do século 20 pela revista *Ad Age*, uma das mais importantes do mundo da publicidade.

O anúncio se destacava do *mainstream* por sua concepção visual, na medida em que deixava bastante espaço em branco com a silhueta do Fusca pequena no fundo, de forma que o olhar do leitor naturalmente ia procurar o carro e, com isso, sua atenção havia sido conquistada e a mensagem havia sido devidamente passada. Ou seja, além de elegante, o anúncio se mostrava eficiente.

Essa composição também trazia uma metáfora poderosa: a de que "pensar pequeno" pode ser uma atitude interessante, ter um carro compacto, de mecânica minimalista, pode ser uma alternativa inteligente. Aliás, em duas palavras, o texto também faz uma brincadeira com a expressão *think smart*, que equivale a dizer "seja esperto" ou "pense de forma inteligente". Nada poderia ser mais eloquente!

A campanha foi capaz de posicionar o Beetle porque fez o consumidor norte-americano pensar no modelo como uma alternativa. Quando o anúncio foi criado, o mercado norte-americano era dominado por carros enormes com motores V8 potentes. Era o reinado dos rabo-de-peixe, como o Chevrolet Bel Air Convertible 1957, que se caracterizavam por um visual de linha retas e fluidas, ângulos agudos e muita potência. Eram carros de luxo, feitos para um país que vivia o frenesi do crescimento econômico acelerado. Era o carro da nação que venceu a Segunda Guerra Mundial na década anterior.

Já o Beetle era o oposto de tudo isso. Para começar, era de uma fábrica alemã, com nome indisfarçavelmente alemão: Volkswagen. Em termos de associação, isso era péssimo. Não só os alemães eram o inimigo como também os perdedores. Nenhuma das duas coisas suscita o charme que sempre envolveu o mercado automotivo.

Além disso, o carro parecia tanto com um besouro que chegou a assumir essa semelhança em seu próprio nome. Com linhas arredondadas, pouco espaço interno, motor confiável e econômico porém não exatamente potente, o lançamento do Beetle era o maior desafio de marketing do século. O Davi alemão foi colocado na arena para enfrentar os Golias das fábricas americanas como General Motors, Ford, Chrysler e AMC e modelos icônicos tais como Studebaker, Nash Cosmopolitan, Hudson Hornet, DeSoto Firedome e outros carros que eram grandes símbolos da prosperidade norte-americana em meados do século passado.

O anúncio se tornou uma espécie de monumento ao minimalismo. Por isso, é importante reproduzi-lo aqui:

Quando se fala em comunicar o essencial, é preciso fazer o esforço de espremer o assunto até obter o que há de mais relevante para ser dito. No caso da campanha Beetle, o mais relevante era dizer que as pessoas deviam considerar a ideia de ter um carro pequeno, confiável e de fácil manutenção.

A Coca-Cola, outra marca líder, faz isso com maestria. Em sua comunicação ela foca no essencial: a sensação que o produto provoca em quem o consome. Refrescar, animar, compartilhar os bons momentos são elementos recorrentes na comunicação da marca que, há décadas, vem adotando o formato peculiar de sua garrafa como assinatura, atitude perfeitamente alinhada com o minimalismo. Bastou ver a silhueta da garrafa para que a mensagem atinja o consumidor.

Outro exemplo importante de habilidade ao comunicar essencial foi a campanha de lançamento do iPod, em 2003, com silhuetas dançando diante de fundos coloridos. A ideia minimalista focava no essencial: a sensação que ouvir música é provocativa. Ao mostrar as silhuetas dançando, o anúncio deixa clara a mensagem de que não importa sua aparência ou estilo, o que importa é a sensação que a música lhe traz, o prazer, a expressão e a libertação que ouvir suas músicas favoritas pode trazer. Diante dessa sensação musical, pouco importa o que está em volta de você, o ambiente é apenas uma tela para a sua viagem musical.

Um dos aspectos da eloquência dessa campanha é que ela é tão minimalista quanto o produto e, justamente por isso, é capaz de transmitir a sua essência. O iPod foi um produto revolucionário não só em termos de tecnologia para reprodução digital de músicas como também em termos de design, porque apresentava um botão de controle único, uma ousadia que surpreendeu os concorrentes e fascinou o consumidor.

A campanha foi lançada em 2003 e continuou até 2008, só perdendo seu impacto com o lançamento do iPhone, que redefiniu o mercado, unindo as capacidades do iPod com as de um telefone e de uma câmera fotográfica digital.

Informar o essencial é uma forma vitoriosa de comunicação porque, ao mesmo tempo em que é capaz de reter a atenção do consumidor e efetivamente expressar algo, é também capaz de carregar metáforas fortes e vigorosas prontas a reforçar as virtudes de elegância, eficiência, eloquência e êxito das empresas e seus projetos. Quando feito com competência, o minimalismo na forma geralmente corresponde a uma grande capacidade de transmissão de informações. De fato, em comunicação, menos é mais.

Lição 4: Objetivos definidos trazem o sucesso

Quem já fez uma reforma em casa sabe: tem data para começar, mas a data do término vai se tornando um mistério cada vez mais insondável à medida que o trabalho avança. Isso acontece porque as pessoas querem "aproveitar a oportunidade" para fazer mais coisas e acabam se perdendo.

Vamos dizer que o objetivo seja reformar o banheiro. Tudo começa com o desejo de trocar os azulejos fora de moda e deixar a cara do banheiro mais atual. Só que a coisa vai ficando mais complexa. Já que os azulejos vão ser retirados, seria bom dar uma olhada no encanamento e quem sabe trocar tudo para um material mais moderno. Mas, já que o encanamento vai mudar, não seria bom também mexer na fiação e melhorar a iluminação? E já que o assunto é esse, por que não ampliar a entrada de luz natural? Quem sabe é possível ampliar as janelas? Já que o banheiro está sendo revolucionado, que tal aproveitar para colocar uma banheira de hidromassagem? Bom, como tudo isso vai gastar muita energia elétrica, uma ideia seria instalar energia solar na casa, o que exigiria reforçar o madeiramento do telhado e trocar as telhas. Então, já que vamos ter telhas novas, por que não pintar a casa? Melhor ainda, por que não modernizar o exterior da casa? Enfim, esse tipo de linha de raciocínio chega a soar engraçado, mas é o que acontece na vida real de muita gente.

O fato é que, ao longo do processo de reforma, os objetivos vão se multiplicando e a meta primordial – que nesse exemplo era ter um banheiro com aparência mais atual – se torna menos importante diante da verdadeira saga que o processo de reforma instaura. Obviamente que a adoção de novos objetivos implica em novos desafios de gestão, que consomem mais tempo e dinheiro.

Esse tipo de situação acontece nas empresas, só que muita gente não nota, porque não depara com montes de areia e entulho pelos corredores como acontece nas reformas domésticas.

Pode parecer contraditório, mas quanto maior o número de objetivos definidos por uma empresa, maior a chance de a empresa e de seus gestores se perderem.

Simplificar metas é o primeiro passo para alcançá-las.

Por isso, o estabelecimento de metas deve ser feito a partir de avaliações cuidadosas, feitas em profundidade e não impulsivamente.

O que se vê com incrível frequência são empresas que definem um objetivo e, tendo isso como justificativa, desperdiçam energia atuando em diversas frentes que podem até ter relação com o objetivo principal, mas que nem sempre levam a empresa a se aproximar desse objetivo.

Por exemplo, a Lego estabeleceu o objetivo de abrir parques temáticos quando, na verdade, seu objetivo deveria ser aumentar sua presença junto às famílias, o que poderia acontecer simplesmente com a compra de uma nova caixa de blocos de plástico. O objetivo de reforçar a experiência que a Lego proporciona era correto, mas a ação era bem mais simples do que a construção de parques temáticos.

Não é raro que, no afã de construir a marca, as empresas assumam uma série de desafios que só oneram as finanças e dissipam as energias de seu time.

Mas há exemplos geniais de simplicidade que geraram resultados duradouros. É o caso da campanha "Think Small", ou "Pense Pequeno", da Volkswagen, que citamos no item anterior. O objetivo da campanha era fazer com que os norte-americanos, que valorizavam os carros grandes, passassem a considerar o Fusca como uma alternativa de compra.

A mensagem era simples e tinha um objetivo certeiro: desafiar o modo de pensar dominante entre os consumidores norte-americanos. Seu objetivo claro fez com que a mensagem fosse absorvida pelos consumidores e o mercado reagisse gerando vendas e alcançando a meta de mudar a mentalidade dominante e inspirar a lealdade nos consumidores.

O fato é que ter objetivos claros faz toda a diferença também do lado de dentro da empresa, porque motiva as equipes a trabalhar criativamente de forma convergente. Já a falta de clareza faz com que os esforços sejam divergentes e as metas fiquem cada vez mais inalcançáveis.

Lição 5: Priorize a qualidade, e a quantidade virá como consequência

Vamos ser totalmente honestos: as pessoas gostam de criar feudos, de construir espaços em que possam agir como reis. Coloque duas crianças da mesma idade para brincar com Lego e você perceberá que na maior parte das vezes elas vão preferir montar cada uma o seu brinquedo em vez de trabalhar juntas em um projeto que utilize todas as peças.

Isso acontece porque "a função primitiva do pensamento é assegurar a satisfação dos desejos, mais que adaptar o eu à realidade objetiva", explica Jean Piaget no livro *Os procedimentos da educação moral*, no capítulo em que discute veracidade e objetividade.

A partir dos estudos sobre crianças é possível perceber quão natural é para o ser humano querer desenvolver projetos próprios. Esse impulso infantil é que faz com que se formem, nas empresas, feudos e panelinhas que competem entre si com projetos pequenos. Cada profissional ou núcleo de trabalho cria um plano independente, e isso incha a linha de produtos da empresa com vários produtos interessantes, porém nenhum revolucionário.

O fato é que a colaboração é uma habilidade adquirida por meio da disciplina. No caso de crianças de idades diferentes, a troca pode ocorrer mais facilmente por conta da disposição de um a embarcar no plano do outro. Nesses casos, ou o mais novo segue instruções do mais velho, ou o mais velho se dispõe a ajudar o mais novo. Já nas empresas essa boa vontade é mais rara. Portanto, cabe aos gestores incentivar a colaboração e a coordenação entre equipes para que estas trabalhem em projetos grandiosos.

Foi o que Steve Jobs fez quando voltou para a Apple em 1996, depois de onze anos afastado da companhia que fundou em 1976. Naquele momento, ele percebeu que a empresa diluía sua capacidade inovadora em dezenas de variações de produtos que acabavam por canibalizar uns aos outros.

A solução foi radical. Jobs matou diversas linhas de produtos e focou em dois grandes grupos: de mesa e portáteis, cada um com variações para uso doméstico e profissional. A filosofia de Jobs era justamente a de que "menos é mais", ou seja, melhor colocar todo o talento criativo e habilidade inovadora em poucos produtos do que dissipar esse patrimônio intelectual em diversos produtos legais, mas não sensacionais.

Isso é priorizar a qualidade em relação à quantidade.

O interessante é que, quando uma empresa faz isso, ela aumenta a quantidade de unidades vendidas, o que se traduz em vendas maiores e maior lucratividade.

A Louis Vuitton, por exemplo, na linha de bolsas Monogram, a mais vendida da companhia, apresenta seis modelos clássicos. Apenas seis. Esses modelos são responsáveis pelo maior número de vendas, entre um total de 246 modelos. Para uma empresa no mercado de luxo, oferecer variações é uma necessidade na medida em que as clientes gostam de produtos que sejam "mais exclusivos". Entretanto, na prática, o que ocorre é que os seis modelos clássicos têm sido, nos últimos 30 anos, consistentemente os mais vendidos. A despeito das cópias piratas, o que continua a mobilizar consumidoras de todo mundo a comprar as bolsas clássicas da empresa é a certeza da qualidade e da durabilidade do produto, o que a torna um símbolo de status duradouro.

Boa parte da indústria do luxo se sustenta a partir do conceito de que qualidade é o que traz quantidade nas vendas. Marcas como Burberry, Chanel, Prada, Gucci, Rolex, IWC, Giorgio Armani, Salvatore Ferragamo, Ermenegildo Zegna e tantas outras sempre primaram pela qualidade de seus produtos e, graças a isso, tornaram-se empresas de alcance global, com lucratividade invejável.

Entretanto, a busca por qualidade tem outras formas de se manifestar além da qualidade física e pode se revelar por meio de atitudes em relação à evolução dos desejos dos consumidores.

A Apple volta a ser o exemplo ideal. Por conta de sua tradição de manter um portfólio de produtos enxuto, 2015 foi marcado por fortes rumores de que a Apple estaria prestes a interromper a fabricação do uma vez revolucionário iPod e do iPad 16GB, por considerar que esses modelos já não atendem mais às necessidades da clientela viciada em inovação que a empresa conquistou.

Novamente, a empresa dá mostras de acreditar na máxima dos predadores: ser enxuta e impiedosa (*lean and mean*). Ser enxuto significa colocar a qualidade acima da quantidade, e ser impiedoso é não tolerar excessos.

Em outras palavras, ser minimalista, o que significa buscar a excelência sem desperdício – uma das formas de se definir qualidade. Preocupadas em colecionar números, as empresas se esquecem de que é a qualidade de um produto ou serviço que define as vendas, e não o contrário.

Em função de atitudes literalmente infantis na gestão, muitas empresas permitem que o talento de seus colaboradores se dissipe em diversos projetos menores. A fragmentação dos esforços dentro de uma companhia sempre leva à redução do índice de qualidade e à consequente queda na quantidade de vendas.

Lição 6: Orçamentos simples trazem resultados claros

Um dos desafios do gestor é saber o que fazer com sua verba e a filosofia minimalista pode ajudar muito a definir o que é relevante a ponto de receber uma dotação orçamentária.

Muitas empresas seguem a tradição de repetir o orçamento de um ano no ano seguinte, simplesmente acrescentando a correção monetária ou algum fator clássico, como 15% a mais. É a aplicação da lei do mínimo esforço, e um dos maiores e mais frequentes erros de gestão que se vê no mercado.

O fato é que o orçamento de uma empresa deve refletir suas prioridades para aquele momento e não ficar preso aos objetivos de anos anteriores, carregando entulho corporativo.

A filosofia minimalista em relação à área financeira se baseia na criação de orçamentos de base zero. Ou seja, o orçamento deve servir aos objetivos da empresa e priorizar as tarefas que vão levá-la a atingir essa meta. Assim, se a empresa define que o seu grande objetivo do ano é lançar um novo produto, o orçamento deve deslocar a maior parte dos recursos para o setor de desenvolvimento de produto. Quando este estiver para ser lançado, a área de marketing ganha um reforço financeiro.

Quanto mais simples forem os orçamentos, menos dinheiro se perderá em ações desalinhadas com os grandes objetivos da empresa.

Um fator importante para manter os orçamentos saudáveis é analisar criticamente o mercado e planejar de forma autônoma. Não é porque todos os concorrentes adotam uma linha de investimentos que sua empresa também terá de segui-la.

A Zara é a maior empresa do mundo em varejo de roupas e nunca investiu um tostão em anúncios. Abra uma revista feminina ou de moda e você verá um monte de mensagens publicitárias das mais diferentes marcas, todos comunicando conceitos e atitudes enquanto divulgam suas coleções. Não há dúvida de que a linguagem publicitária tem papel importante na construção das marcas e no processo de fomentar a aspiração da clientela potencial em consumir os produtos da marca. Todo esse processo tem seu valor e as companhias não hesitam em alocar recursos em volume significativo para a presença publicitária. Anunciar é parte do modo de operar das empresas de moda.

A despeito de tudo isso, a Zara, hoje a maior empresa de varejo de roupas do mundo, decidiu tomar outro caminho. Ela decidiu que suas prioridades seriam outras e, mesmo na contramão do que suas concorrentes faziam em termos de comunicação, resolveu criar seu orçamento de acordo com a sua verdade e seus conceitos. Para a marca espanhola, a agilidade e a capacidade de entregar semanalmente novidades para as clientes era algo poderoso e até certo ponto incompatível com o ritmo das revistas de moda, que geralmente têm periodicidade mensal.

Já a marca italiana Benetton adotou, nos anos 1980 e 1990, mesma época em que a varejista de origem espanhola crescia rapidamente, uma estratégia oposta e apostou em campanhas publicitárias de grande impacto, que mobilizavam grandes verbas para investimento na mídia e também em uma linha de comunicação que gerava muita mídia espontânea por conta dos temas políticos e polêmicos. Em termos de produto, a marca italiana investiu em um tom monocórdico, oposto ao que se via em sua comunicação.

Os modelos eram clássicos, a variação de cores era imensa, mas, depois de algum tempo, se tornou previsível e o crescimento da empresa não foi tão explosivo quanto o de outras empresas do mesmo ramo.

Observar esses dois cases faz com que se pense sobre a habilidade das empresas em alocar seus recursos no que lhes seria mais útil no longo prazo. Enquanto a Zara se adaptava continuamente para atender à sua premissa de agilidade de produção e distribuição, e investia claramente nisso, a Benetton se manteve apegada a uma fórmula conservadora, que previa investimento em mídia mesmo sem que a marca tivesse inovações emocionantes para comunicar.

Na hora de fazer seu orçamento, a Zara preferia bancar os custos mais altos dos trabalhadores europeus para conseguir distribuir rapidamente seus produtos em seu principal mercado consumidor do que ficar refém da espera da chegada de carregamentos vindos do Oriente, que teoricamente custariam menos por peça mas que implicavam o risco de não chegarem às araras nas datas consideradas estrategicamente mais válidas para a oferta dos produtos. Isso é adaptabilidade e agilidade na elaboração de orçamentos. Essa escolha sobre a forma de produzir foi determinante nas primeiras décadas. Hoje, com a globalização da marca, sempre que possível a empresa busca produzir perto dos mercados consumidores. No entanto, há produtos básicos e atemporais que são confeccionados em locais em que o custo-benefício compensa os gastos com transporte. Para os produtos *fast-fashion* (que são os rapidamente copiados dos desfiles de grandes estilistas), a preocupação com a rapidez ainda é prevalente na hora de elaborar orçamentos.

O conceito Zara tem a ver com a importância de manter sua promessa ao consumidor e de fazer com que seu orçamento sirva a essa premissa e não o contrário.

A fidelidade a um conceito, a um padrão de qualidade ou a uma promessa de marca tem, sim, um custo financeiro. Dependendo das condições do mercado, esse custo pode variar e o orçamento deve se adaptar aos novos cenários.

O que não pode acontecer é o contrário: a qualidade de um produto ou a promessa de marca ser prejudicada por questões orçamentárias. As gestões com ênfase financeira muitas vezes sacrificam conceitos importantes das empresas para mostrar um balanço favorável aos acionistas. Isso é perigoso. O consumidor tem a prioridade em termos de satisfação de expectativas. Já a satisfação dos acionistas deve ser uma consequência do cumprimento das promessas aos consumidores.

Infelizmente, o que mais se vê no mercado são pessoas da área financeira, de olho em seu bônus por atingir metas de rentabilidade para os acionistas, sacrificarem o operacional da empresa, que passa a falhar com o consumidor. Essa manobra dá resultados rápidos, mas em longo prazo se mostra prejudicial para as vendas e o valor da marca.

Pensar em qualidade é o que faz os consumidores reagirem e proporciona boas notícias nos resultados financeiros.

Quando for preparar ou avaliar um orçamento, lembre-se da premissa de que qualidade é o que atrai o consumidor.

Uma boa alegoria desse conceito está no filme *O Campo dos Sonhos*, em que o personagem de Kevin Costner ouvia uma voz dizendo "Se você construir, eles virão" todas as vezes que avaliava como louca a ideia de construir um campo de beisebol no meio de um milharal.

Portanto, quando for criar ou avaliar um orçamento, lembre-se de que:

- As condições sempre mudam. Por isso, é preciso começar do zero.
- A qualidade é o que atrai o consumidor e todas as ações que levam a isso devem ser prioritárias em termos de alocação de recursos.
- A satisfação do consumidor é o que gera o retorno do investimento, portanto o interesse do consumidor deve ter prevalência sobre o interesse dos acionistas.

Lição 7: Simplifique a vida do cliente

A criatividade pode ser a melhor amiga ou a maior sabotadora do gestor minimalista. Para separar o joio do trigo, nada melhor do que se perguntar se o que está sendo feito na empresa vai facilitar a vida do cliente.

Uma das piores sensações que um terráqueo pode ter é se sentir incapaz de tomar uma decisão simples porque tem opções demais diante de si. Isso é ruim, pois traz a impressão de despreparo, de ignorância e um forte sentimento de incapacidade.

Veja a situação de quem vai ao mercado comprar manteiga. Deveria ser uma coisa simples, certo? Afinal, manteiga só tem um sabor. Só que, diante da geladeira, há não apenas uma infinidade de marcas, mas também indicações sobre os diferentes usos. Tem manteiga para forno e fogão e tem as de mesa. Qual é a diferença? Se eu fizer um bolo com manteiga de mesa ele vai ficar ruim? Se eu servir uma de forno e fogão para meus convidados, eles vão notar? Preciso ter as duas em casa? E a que vem na lata e dispensa refrigeração, onde entra nessa equação? Assim, diante da geladeira do supermercado, você descobre que precisava ter feito pós-graduação em química orgânica e gastronomia para poder passar manteiga no pão pela manhã.

Se, por um lado, oferecer variações para o cliente é uma forma de atender melhor suas expectativas em relação à performance de um produto – as manteigas para forno e fogão são menos cremosas do que as de mesa –, por outro é uma forma de criar uma angústia desnecessária na hora da compra.

Se a variação nas manteigas já gera estresse, no caso de um carro, então, as dúvidas se ampliam e incluem fatores de mercado que vão muito além da simples satisfação do cliente, como valor de revenda, custo de manutenção e obsolescência programada. Além dos fatores mensuráveis, ainda há os subjetivos, como status.

Nos serviços, as variações são tão numerosas e angustiantes quanto nos produtos. Por isso, é crucial que o gestor se pergunte, diante de qualquer ampliação de oferta, se o que está sendo lançado vai, de fato, facilitar a vida do consumidor.

Avaliar a capacidade de um produto ou serviço no sentido de tornar o dia a dia de um cliente mais fácil não é um ato de caridade, é uma ação estratégica. Boa parte dos produtos e serviços que transformaram seus segmentos ou mesmo a sociedade tinha a característica de facilitar a vida dos clientes.

Por exemplo, a hoje multimilionária indústria voltada para os animais de estimação tem em sua raiz esse propósito. Por décadas, quem tinha cachorro era obrigado a reservar um tempo para fazer a comida do animal. A indústria veio e trouxe a novidade da ração, que já vem pronta e balanceada. Quem tem cachorro tinha de reservar um tempo para dar banho no peludo. Aí surgiram os petshops que resolvem essa questão sem molhar o dono. Levar o cãozinho até o petshop é um problema? Criou-se então o táxi-dog, um sistema de transporte para os pets. Não tem tempo para andar com o peludo? Não tem problema: existe o serviço de passeador de cachorro. Enfim, esse setor é bem sucedido porque se dedica a identificar e resolver os problemas de quem quer ter um amigo de quatro patas. Graças à atuação dessa indústria, cães e seus donos são cada vez mais felizes.

Todos esses lançamentos de produtos e serviços trazem em sua essência a missão de facilitar a vida do cliente. Por isso, foram tão bem-sucedidos. Em vez de causar ansiedade e sensação de desconforto ou ignorância, cada uma dessas "inovações" dizia ao consumidor "Tudo bem, não se preocupe, isso dá trabalho mesmo. Vou te ajudar". Essa atitude facilitadora é importante. Por isso, é bom dizer que novos produtos ou serviços são bem vindos, desde que coloquem o conforto e a conveniência do cliente como foco principal. Ou seja, se forem elegantes, eficientes e eloquentes certamente alcançarão êxito.

Mas nem sempre as inovações surgem motivadas pelo desejo de facilitar a vida dos clientes. Muitas vezes, os lançamentos que entulham as linhas de produção das empresas chegam ao mercado simplesmente para "cumprir tabela", para corresponder a uma tradição do setor ou atender ao desejo de alguma área da empresa de "mostrar serviço".

O melhor antídoto para evitar entulhar sua linha com produtos desnecessários que só geram custo de produção e de comercialização e não correspondem em termos de lucratividade é se perguntar diante de cada projeto: isso vai facilitar a vida do meu cliente?

Lição 8: Sacrifique o que não contribui

Abrir mão de rotinas, ideias e produtos que perderam a eficácia, a relevância ou o apelo de mercado nem sempre é fácil, mas é necessário. Sacrificar o que já não tem função é um ato de sabedoria, não de desperdício.

Arrumar o guarda-roupa é uma tarefa tão difícil que, de acordo com estudos, está entre as tarefas mais adiadas pelas pessoas. É chato e trabalhoso porque requer tempo, planejamento, critério, disciplina e capacidade de desapego.

Tempo, porque o que parece levar meia hora pode tomar a tarde inteira ou ainda chegar ao dia seguinte. Planejamento, porque não se pode simplesmente tirar tudo do lugar sem saber para onde as coisas vão. Há que se ter critério para avaliar o que merece continuar ocupando espaço e o que já não faz mais sentido manter – essa é a etapa mais exaustiva, pois exige a ponderação entre a razão e a emoção. Nesse ponto é que as pessoas olham para a roupa e pensam: "Já não está mais na moda, mas me cai bem e me dá tanta sorte" ou: "Usei só duas vezes, me sinto meio gorda nessa roupa, mas ela custou caro e é de marca famosa" ou outro pensamento clássico: "Não me serve mais, mas eu vou emagrecer e voltar a usar". A disciplina é fundamental nessa fase, porque se não houver uma convicção firme sobre os critérios que garantem a permanência ou não de uma peça, nada será eliminado. E aí, chegamos ao grande problema: o desapego, a capacidade de sacrificar o que não contribui mais.

Arrumar o portfólio de produtos ou serviços de uma empresa exige esses mesmos ingredientes e mais: a concordância de diversas áreas da empresa. As dificuldades intrínsecas somadas à burocracia interna das grandes empresas faz com que as equipes evitem o nem sempre fácil processo de sacrificar rotinas, produtos e estruturas que não contribuem mais, muitas vezes procrastinando ou levando muito mais tempo para acontecer do que seria economicamente saudável.

Mas, quando tomam coragem e trabalham em um processo de depuração interno, os resultados podem ser observados internamente na forma de redução de custos e, externamente, no realinhamento da imagem da empresa junto aos seus consumidores. Mas, tal qual na arrumação de um guarda-roupa, é preciso cuidado para não se arrepender depois.

É interessante notar que, quanto mais conservadora é uma empresa, maior é o impacto gerado no mercado quando um de seus produtos é tirado de linha.

A montadora alemã Volkswagen, criadora de dois modelos que marcaram o século 20, o Fusca e a Kombi, teve de lidar com a reação do mercado quando descontinuou esses modelos. A Kombi foi produzida no Brasil por 56 anos e se tornou um personagem da cultura popular. Está presente em canções, piadas e virou até tema de restaurante japonês. O utilitário era amado, respeitado e tinha uma legião de fãs.

A despeito do design antiquado – o modelo mudou muito pouco desde que foi concebido na Alemanha do pós-guerra – a Kombi era versátil. Começou a ser produzida em 1950 e, em 1957, passou a ser produzida no Brasil, que foi o último país a deixar de fabricá-la. A razão para o fim da produção foi a incapacidade de o modelo de receber freios ABS e air bags, itens de série que se tornaram obrigatórios no Brasil a partir de 2014.

Toda a comunicação da VW sobre o encerramento da linha de produção da Kombi foi centrada no fato de que o modelo não conseguiria atender às exigências da legislação. No entanto, como bem se sabe, para a engenharia nada é impossível. Portanto, o que se imagina é que a empresa não achou viável continuar a produzir o utilitário.

Entretanto, ciente do impacto que o fato teria junto ao público em função do status de ícone e personagem da cultura popular brasileira, a VW caprichou no processo de comunicar o fim da produção e o fez por meio de uma campanha de "deslançamento". Criada pela AlmapBBDO e batizada de Últimos Desejos da Kombi, a campanha conquistou 7 Leões no Festival Cannes Lions de Publicidade (dois de ouro e cinco de bronze) e passou para a história como a campanha mais vitoriosa da Volkswagen do Brasil no mais importante festival de publicidade do mundo[39].

Apesar de todo esse cuidado com o consumidor, a empresa foi capaz de encarar uma realidade: a Kombi não pertencia ao século 21. Já a interrupção da fabricação do Fusca em 1986, quando estava entre os 12 modelos mais vendidos do Brasil, ocorreu de forma muito menos charmosa.

A decisão foi executiva. A VW precisa de espaço na fábrica de São Bernardo do Campo para fabricar dois carros de maior valor agregado: o Santana, que por mais de uma década foi o carro top de linha da empresa no Brasil, e o Voyage, modelo para o qual tinha contratos de exportação para os Estados Unidos, onde foi chamado de Fox. Esse foi um caso clássico de sacrificar o que já não mais contribuía decisivamente para o sucesso da empresa sem demonstração alguma de apego. Embora tenha sido uma decisão executiva baseada em razões consistentes, não se pode negar que o fim do Fusca causou um forte prejuízo à imagem da marca junto ao público brasileiro.

39. http://www.estadao.com.br/jornal-do-carro/noticias/carros,veja-10-coisas-que-precisa-saber-da-kombi,23960,0.htm

O jeito frio com que a produção do carro mais popular do Brasil foi descontinuada chocou o consumidor.

De qualquer forma, sacrificar o que não mais contribui para o portfólio de uma empresa pode ser uma medida muito bem compreendida e até apoiada pelo consumidor. Por exemplo, no dia em que a Apple deixar de fabricar o iPod, os consumidores vão entender perfeitamente. Afinal, outros produtos da marca, especialmente o iPhone, conseguem fazer tudo o que um iPod faz.

Entretanto, ao contrário do que acontece quando nos arrependemos de ter dado uma peça de roupa em um momento de arrumação de armário, as empresas podem criar situações de volta triunfal de modelos descontinuados. Por exemplo, depois de interromper a produção nos anos 1990, a GM devolveu a vida ao Camaro. Os primeiros protótipos surgiram em 2006, em 2007 a empresa assinou o contrato para que o novo modelo fosse usado no filme *Transformers*, em que ele tem status de protagonista como a forma automotiva do robô Bumblebee.

Muitas vezes, sacrificar um produto é uma questão de adequação do seu papel às novas demandas. Tempo e espaço afetam, sim, alguns produtos. Por isso é preciso estar atento para eliminar o que já não contribui.

Algumas vezes, entretanto, a volta de descontinuados ao portfólio acontece simplesmente porque a empresa percebe o erro que cometeu. Esse foi o caso do famoso baldinho da Lego, eliminado na fase de megaexpansão da empresa. Quando a empresa fez seu esforço de readequação, trouxe o produto de volta.

Como na arrumação de um armário, a dica na hora de fazer uma limpeza é: nunca abra mão dos clássicos. A Levi's nunca parou de produzir o modelo 501, a Burberry continua a fabricar *trench-coats*, Giorgio Armani continua a fabricar *suits*. Todas essas empresas criam adições aos seus portfólios e descontinuam peças, mas sempre mantêm seus clássicos.

Eliminar o que já não faz mais sentido – seja no guarda-roupa, seja no portfólio da empresa – é a melhor forma de acomodar os clássicos e abrir espaço para o novo.

Lição 9: Simplifique com segurança

Tirar o que não é útil é um exercício de inteligência. Destituir um produto ou estratégia de aspectos fundamentais de segurança é suicídio. Perceber a diferença entre uma situação e outra é o grande desafio.

O elemento verdadeiramente poético do minimalismo é a valorização da simplicidade. Ao celebrar a fluidez dos objetos, gestos e processos, a simplicidade se torna uma virtude tão poderosa que é capaz até de desafiar a gravidade.

A natureza mostra isso de forma eloquente: a gaivota não tem muitos adereços e, por isso, suas linhas simples permitem que ela tenha uma aerodinâmica extraordinária e voe com rapidez e agilidade. Já o pavão, orgulhoso de suas belas penas, não é capaz de voar e não tem a velocidade como sua aliada.

A relação entre simplicidade, leveza e velocidade vem fascinando a humanidade desde a aurora dos tempos e, conforme a engenharia avança, torna-se uma obsessão para os amantes da velocidade e se expressa de forma exuberante no circuito de Fórmula 1. Uma das lendas desse esporte, que mistura engenharia e habilidade humana, é o projetista inglês Colin Chapman, criador da equipe Lotus.

A premissa de Chapman era: simplifique, depois acrescente leveza. Como vivia o que pregava, o engenheiro e projetista desenvolveu o chassis monocoque, uma peça única que acomodava o piloto, em volta da qual o carro era montado.

Levando muito a sério os efeitos da gravidade, Chapman buscava continuamente reduzir o peso dos carros que projetava para que ganhassem velocidade. Sua explicação para isso era: "Aumentar a potência o torna mais rápido nas retas, mas diminuir o peso o faz mais rápido em todo lugar".

Essa fórmula geralmente dava certo. Ganhou o campeonato de construtores nas quatro ocasiões em que seus pilotos conquistaram o campeonato: Graham Hill, em 1968; Jochen Rindt, em 1970; Emerson Fittipaldi, em 1972, e Mario Andretti, em 1978. E ainda conquistou o campeonato de construtores em 1973.

Ao adicionar leveza tirando tudo o que poderia pesar no carro, Chapman conseguiu modelos excepcionalmente rápidos nas retas, mas muito difíceis de controlar nas curvas. Para melhorar a estabilidade dos bólidos, o inglês criou uma solução simples e revolucionária: reduziu o espaço entre o carro e o chão para criar uma espécie de vácuo que aumentava a aderência do carro e que foi chamado de "efeito-solo".

Entretanto, Chapman passou para a história como o sujeito que errou na medida, deixando de fora alguns itens de segurança fundamentais. Em 1969, um ano antes de morrer durante um treino em Monza, Jochen Rindt teria dito que a potência dos motores Lotus permitiriam que Chapman acrescentasse alguns quilos a mais no carro para obter peças mais confiáveis e seguras. A investigação das causas do acidente que matou Rindt isentou a Lotus de culpa, mas a especulações não cessaram.

Simplificar, entretanto, foi a razão do sucesso de muitos grandes nomes. O francês Philippe Starck é um dos grandes nomes do design moderno e tem se mostrado capaz de provar que a simplicidade pode ser consistente. Alguns de seus trabalhos mais icônicos, como o espremedor de laranja, mostram que o bom uso da aerodinâmica por meio da utilização de linhas simples pode se converter em eficiência e segurança no uso.

A simplicidade tem sido um dos atributos mais perseguidos pelos grandes criadores. Um dos exemplos mais clássicos foi protagonizado por Coco Chanel. Ao liberar os corpos femininos de espartilhos e laçarotes e adotar formas mais fluidas para adornar a mulher, a estilista provocou uma revolução na moda, que, desde então, passou a considerar simplicidade como um dos elementos mais vibrantes da elegância.

Simplificar não significa depenar e jamais deve deixar de lado a segurança. Em seu caminho para se tornar a maior operadora de turismo da América Latina, a CVC Viagens sempre buscou oportunidades de mercado para simplificar a experiência de viajar para seus clientes, e um dos elementos da simplificação é, justamente, aumentar a segurança do viajante, tanto no sentido objetivo quanto no subjetivo. Ao criar programas de viagem com acompanhamento de guias, a empresa reduziu a insegurança dos turistas de primeira viagem, o que ampliou sua presença junto à classe média. Ao simplificar priorizando a segurança, a operadora conquistou cada vez mais espaço no mercado varejista de pacotes de turismo.

Sempre associada à elegância, eficiência, eloquência e êxito, a simplicidade encontra seu limite na segurança e pode fazer dela um dos seus mais importantes aliados.

Elegância, eficiência, eloquência e êxito são os quatro conceitos que formam o cerne do SEM – Sistema de Estratégia Minimalista –, uma filosofia de gestão e de marketing com efeitos poderosos. Embora seja atemporal e universal, mostra-se especialmente relevante no século 21.

Enquanto outras filosofias de estratégia, gestão e marketing pensam as atitudes e ações que são realizadas fora da empresa, o SEM se aplica ao que está dentro dela.

Um ator mostra seu trabalho da pele para fora, com gestos e expressões, mas sua atuação nasce da pele para dentro, pois é no domínio da emoção e da razão que ocorre a mágica da boa atuação. O mesmo acontece com pintores, músicos, atletas e até mesmo arquitetos, médicos e engenheiros. O que determina as ações é algo anterior, profundo, que pode ser cultivado e aperfeiçoado sempre.

Por isso, o SEM se baseia em quatro conceitos universais capazes de servir como referenciais para decisões estratégicas de gestão e marketing. Acreditamos que, resolvidos os quatro Es que tratam do que ocorre dentro da empresa, fica muito mais fácil competir no mercado e, aí sim, aplicar as várias teorias de marketing e posicionamento que já se tornaram clássicas, como os 4 Ps do posicionamento.

A elegância está justamente na capacidade de perceber o cliente e trabalhar duro para que ele possa ter uma relação fácil com seu produto ou serviço, o que se traduz em eficiência de produção, distribuição e vendas, e se desdobra em uma comunicação eloquente, capaz de encantar o cliente e gerar valor para a marca. Tudo isso leva ao êxito, que é mais do que sucesso: é a porta de saída para conquistas ainda maiores, o que garante a repetição de ciclos positivos e a permanência e a evolução da empresa.

A dinâmica dos 4Es prova que agir de modo minimalista nada tem a ver com fazer as coisas de forma tosca, não dizer a que veio, deixar funcionalidades de fora, contentar-se com pouco. Pelo contrário. Ser minimalista exige um esforço consciente de se afastar da multidão, pensar criticamente e agir com rapidez. Há grande mérito na capacidade de, a partir do mínimo, dizer muita coisa, fazer transformações e realizar sua missão com consistência e excelência. Elegância, eficiência, eloquência e êxito, definitivamente, não são para qualquer um. São virtudes e conquistas pessoais que ecoam na vida corporativa e vice-versa. Quem adota esses parâmetros na vida pessoal também tem muito a ganhar.

Ser minimalista passou a ser uma defesa corporativa e pessoal contra tudo que impede a produtividade. O fato é que muita gente está cansada de ter de separar o que é relevante do monte de lixo mental que a sociedade atual produz. Centenas de decisões inúteis são tomadas todos os dias; milhões de sinapses realizadas sem propósito algum; energia, tempo e dinheiro desperdiçados com excessos em escala planetária.

Por isso, é fundamental que todo profissional com um papel estratégico na condução de uma empresa busque encontrar formas de aplicar as bases do SEM em todas as suas ações para que, com isso, atinja o melhor de seu potencial de mercado: ter uma marca de prestígio, alta produtividade e lucratividade consistente são desejos de todos, mas só se realizam quando se tem a coragem de colocar o cliente no centro de todas as decisões e a energia para defender essa postura diante de qualquer tentação.

Por isso, recomendamos que a vigilância seja contínua. A aplicação da matriz dos 4Es deve fazer parte dos rituais corporativos e ser o ponto de partida para cada ciclo produtivo.

A partir dos resultados da análise dos 4Es devem ser criadas estratégias para que a sua empresa mantenha os aspectos em que teve alta pontuação e melhore nos itens em que ainda tirou nota baixa.

Na hora de montar sua SEM, observe as nove lições. Elas são como um "grilo falante" e têm a função de evitar que os gestores caiam em algumas ciladas corporativas que são menos raras do que se imagina.

Espero que este livro tenha ajudado você a se livrar rotinas inúteis, tenha tornado a sua mochila de estrategista mais leve e feito o seu caminho para o êxito mais elegante, eficiente e eloquente.

Que a Força esteja sempre com você!

AGRADECIMENTO

Este livro não teria acontecido sem o carinho e o apoio de muitas pessoas.

Meu pai, Jorge Rocha, que me inspira em cada conversa. Minha mãe e irmão, que nunca deixaram de acreditar em mim.

A minha esposa e filho, que são a minha razão de viver.

A minha maravilhosa equipe de marketing e comunicação na Amil.

A Andrea Ciafonne, por ter ajudado muito na organização das ideias.

E também aos grandes amigos que tenho e todos aqueles que direta ou indiretamente fazem parte do meu dia a dia.